¡Enalteciendo el bien!

El Contrato de las Almas
Segunda Edición © 2012

Un mensaje sobre la evolución espiritual de la humanidad.

Rev. Rina A. González

El Contrato de las Almas
Segunda Edición © 2012
Un mensaje sobre la evolución espiritual de la humanidad.

ISBN # 978-0-9792408-1-2

Publicado en los Estados Unidos
Por La Reverenda Rina A. González

Edición por, Marangely Rodríguez Díaz

Puede contactar a la autora a través de:

    Correo Electrónico: rina@angelicgoddesses.com
    Página Web: http://www.angelicgoddesses.com

Derechos Reservados © 2012

      Todo derecho es reservado por la autora. Ninguna parte de este libro puede ser reproducido, almacenado o transmitido por ningún medio electrónico, mecánico, como no puede ser fotocopiado, o grabado sin el permiso previo de la autora.

Dedicatoria

Este libro esta dedico a las cinco personas que más influenciaron mi vida; mis padres y mis tres hijos. A mis padres por darme los deseos de ser mejor persona y a mis hijos, por llevarme a comprender que para lograrlo, solo tenía que conocerme a mi misma. Les estaré eternamente agradecida.

Índice

Prepara bien tu destino (Poema)	15
A mi padre (Poema)	17
Introducción	19
La dualidad de nuestra naturaleza	29
Mis padres	33
1,944 año del mono	39
Así giro mi mundo	43
Referencias	49
La visita	55
La invitación	61
Esa cosa llamada vida (Poema)	65
Aceptando la invitación	67
Se obediente a tu naturaleza (Poema)	71
Despertar	75
La vida en un baile: ¡Baila!	81
El no aceptar algo por lo que es…	85
Volver a vivir (Poema)	93
Las clausuras del contrato	97
Inspiraciones	101
Jugando el juego de la vida	103
Viaje a lo desconocido	107
Revelando los misterios de la vida	113
El contrato de los padres	117
Relación entre madre e hijo	121
El contrato entre hermanos	127
Almas gemelas	131
El contrato de los suegros	134
Mi buen amigo	135
¿Quiere ser feliz?	139
La perfección de lo que nos parece…	141

Lugares y objetos	145
Errar es divino (Poema)	147
El Planeta Tierra	149
Mujer	153
Elegí vivir	155
Las fases de la luna	159
Reflexión	161
Alfa y Omega (Poema)	163

El ser humano es parte del conjunto llamado "universo", el cual esta limitado en tiempo y espacio. El humano experimenta sus pensamientos y sentimientos como algo separado de los demás; esto es una ilusión óptica de su conciencia. Esta ilusión es una especie de prisión para el individuo, la cual restringe sus deseos personales como también influye en el afecto que siente por las personas más cercanas a el. La tarea de cada individuo es liberarse de esta prisión óptica ampliando su círculo de comprensión y compasión hasta llegar a abarcar toda la naturaleza y su belleza, en su totalidad.

Albert Einstein

"La única obligación del hombre sobre la tierra es cumplir con su legado personal. Obteniendo claridad mental, el hombre es guiado a ver su propósito en la vida y obedeciendo la llamada suprema es que encuentra la llave de su emancipación."

Rev. Rina A. González

Los pensamientos más altos son los pensamientos que contienen alegría, las palabras más claras son las palabras que contienen la energía de la verdad, la sensación más grande es el sentimiento que llamamos amor. Alegría, verdad, amor, estos tres son intercambiables y no importa cual aparezca primero.

Neale Donald Walsch

El Contrato de las Almas

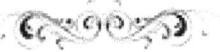

¡Prepara bien tu destino!

Para mi hija Rina

Niña que de muy temprano
Comienzas tu trajinar
No olvides hay que estudiar
Coge los libros en la mano.

Prepara bien tu destino
No temas el preguntar
No sin antes saludar.
El colegio es tu camino.

Maestros, libros divinos
Puedes siempre consultar
Pues niña el buen camino
Ellos te van a enseñar.

Y puedas feliz estar;
¡Prepara bien tu destino!

Autor,
Albino H. González Montesinos
1916 -1958
Escrita en Queens, NY en el año 1,956

A Mi Padre

Sería injusto que no te dedicase una de mis poesías
Cuando tengo tus caprichos y tus rimas.
Quizás sea yo la llamada a dar paso al manantial
Que a tu partida dejaras inconcluso;
Y ahora me toque a mí ponerle rima a unos versos,
Para ver nuestro nombre impreso en la cubierta
De lo que el mundo llamara, "Provocativa y Serena".

Una vez me dedicaste uno de tus versos
En el cual me pedías que buscase en los libros mi alcance.
Y aunque ellos me ayudaron y me dieron firmamento,
No suponía que hoy pudiera poner realce,
A lo que brota de mí, sin yo quererlo.

Me acercaste a lo puro y a lo bueno de la vida.
A ver el alma en la gente y a no hablar a escondidas.
Vistes en mí aquello de lo que hoy yo me asombro,
Ya no es un talento escondido, y a lo vivido
Supe sacarle lo bueno; y en toda circunstancia
He tenido un buen amigo.

Tus enseñanzas del ayer, hoy y siempre,
Viven presentes en mi memoria
Sintiéndome agradecida, de un hombre noble y puro
Que conquistar almas quiso.

Creyó así en su conquista y murió por sus dos causas;
La tristeza de la vida y la nobleza del alma.

Con amor, tu hija.

Rev. Rina A. González

Amor, luz y risa, son una poderosa combinación, capaz de cambiar cualquier situación. El Amor es lo que somos, ámelo todo. Luz, viene del alma, déjela brillar. Mientras la Risa, es la gran sanadora, tanto de lo visible como de lo invisible.

Juntos, este trío tiene la capacidad de cambiar la energía del cuerpo. Yendo de lo denso a la luz; transformando toda imperfección. Con el poder de detener las manecillas del reloj.

Aprende a valorar estos valiosos aspectos del alma. Utilice este trío conscientemente y llegará a obtener un grado más elevado de conciencia.

Introducción

*...a pesar de que buscan la felicidad,
por ignorancia, la destruyen como si fuera el enemigo.*
Maestro Budista Shantideva

La vida es sencilla; quizás muy sencilla, razón por lo cual su verdadera esencia se nos escapa de entre las manos. Observando el comportamiento de la humanidad, veo como de algo tan bello y sencillo, al no entender su verdadero significado hemos confundido lo que la vida simboliza; y al confundirnos, sólo hemos logrado destruir nuestra propia felicidad.

El no saber vivir es lo que nos hace volver a encarnar. Una y otra vez volvemos al Planeta Tierra con la esperanza de aprender a hacerlo. El velo de la ilusión puede más que nuestra esperanza y esto impide el crecimiento, desarrollo y evolución de la raza humana. De no cambiar, de no aprender, lo único que podemos dar por seguro es que seguiremos cometiendo los mismos errores día tras día, vida tras vida, como hasta ahora lo hemos hecho.

Cuado lleguemos a despertar a nuestra linda realidad. La vida llegará a ser la grata experiencia que todos deseamos y ciertamente somos dignos de tener. Si nos atrevemos a ver más allá de las costumbres sociales y lo que estas implican, nos será posible que el alma ocupe su debido lugar en nuestras vidas y su poderosa luz al fin pueda desenmascarar al causante de todas nuestras controversias.

Lo que propongo en este libro es algo que todos podemos hacer. Nuestra espiritualidad brota del alma y para dar rienda suelta a lo que somos, y para reclamar nuestra herencia espiritual, no es necesario tener un Doctorado en Filosofía, ya que lo único que necesitamos es vivir el momento presente en armonía con todo lo que tiene vida.

Lo que aquí les presento funciona por ser parte de nuestra esencia. Es el alma la que tiene el poder de despertar lo dormido en el hombre. Cuando el hombre decide aceptar la presencia del alma en su vida, ha de ser llevado a lo que le dará su libertad. Les invito a conocer nuestra verdad y como esta funciona mucho mejor cuando la persona se osa ahondar en la profundidad de su ser sin detener sus pasos hasta encontrar los secretos que el alma guarda.

Es importante entender que "nosotros", toda alma que ha tomado cuerpo y como consecuencia esta teniendo una experiencia física, ha firmado un contrato antes de nacer en toda encarnación. Al firmar este documento sacro, aceptó aprender sus lecciones y asumió la responsabilidad de evolucionar y crecer. Sin embargo, debido a no saber que somos un alma teniendo una experiencia física, por siglos el hombre ha confundido el aprender sus lecciones pensando que son problemas. Al confundir lo que fue creado para iluminar, el hombre queda preso de su confusión. La mala interpretación es lo que nos trae las malas consecuencias.

No solo mal interpretamos nuestras lecciones, peor aún, seguimos sin aprender y en vez de recibir las bendiciones que el aprender proporciona nos atrevemos a mal decir el maestro, la lección y hasta a la vida misma. Sepa que malentender o mal interpretar una lección y confundirla por un problema es producto de ignorar que somos los herederos del Reino de Dios sobre la tierra y como tal, es nuestro deber aprender para ser merecedores de alcanzar todo lo bueno que hay en nuestro paraíso terrenal. Muchos se han conformado a tener menos y por eso tienen "malas vidas". El pensar que nada se puede hacer para cambiar su destino, es lo que influye, determina y atrae el destino que no quiere tener. Nos hemos acostumbrado a vivir limitados, a vivir en escasees y a la injusta. Al aceptar ser menos que nuestra herencia, al aceptar tener menos de lo que merecemos, al aceptar la injusticia nos impide salir adelante. Sin percatarnos de lo que hacemos, repetimos lo que oímos, sin entender el significado de lo dicho. Sólo logramos desvalorar nuestra esencia al extremo de llegar a pensar que las injusticias, las malas costumbres y la escasees son parte de nuestra herencia. Otra de nuestras malas costumbres, es ver algo que esta mal hecho y no hacer nada por cambiar la situación. Cuando notamos que algo esta mal hecho, es que porque tenemos la solución al problema y al no cambiarla nos estaremos convirtiendo en parte del problema. Sin embargo, si elige cambiar lo mal hecho, sus bendiciones serán multiplicadas.

    Mi labor es dejarles saber que lo único que existe en nuestro universo es energía y todo es energía intercambiable. Por consiguiente, todos podemos cambiar. Toda situación tiene el potencial de ser mejorada permitiendo que la vida pueda llegar a ser lo que usted desee que sea.

    En la vida todo es posible y todo cambio comienza con la determinación del individuo. Sepa que el desear cambiar una situación insana o injusta por una sana y justa trae grandes beneficios. Es importante comprender que la vida se vive a través de la percepción. Como debo de aclarar que nuestra percepción es uno de nuestros dones o regalos espirituales y es a través de la percepción es que aquilatamos la vida. Por costumbre el humano usa sus dones espirituales para almacenar lo que ve, siente, oye, huele y toca. Si su percepción, está contaminada todo lo que usted ve, siente, oye, huele y toca será archivado con esta contaminación. En todo momento se percibe información sobre "algo o alguien". Esta percepción es lo que se almacena en la mente, en el subconsciente y en las células del cuerpo. Lo que usted almacene se convertirá en su punto de vista el cual le dictará como vive su vida y como usted ha de tratar a las personas que tiene a su alrededor.

Solo podemos dar lo que tenemos para dar. La naranja solo puede dar jugo de naranja. Nosotros siendo amor, deberíamos de dar solo amor. Sin embargo, aunque viniendo del amor no sabemos darlo porque nuestros lentes están contaminados. Desafortunadamente para muchos, la vida es vivida a través de una versión diluida de ellos mismos. Donde solo pueden crear confusión, laberintos y conflictos para ellos y para todos a su alrededor. Y aún deseando algo mejor, su percepción les traiciona, siguen anclados a las viejas convicciones que lo llevan al borde del precipicio y ahí perecen.

El bien que buscan, rara vez llega por no razonar que somos los arquitectos de nuestro destino y como tal, es nuestro deber el corregir toda imperfección. Esto se logra poniendo bajo escrutinio todo pensamiento, palabra y acción. Desear tener una buena vida sin cambiar nada en ella, solo equivale a seguir teniendo la misma vida que no se desea tener. Un deseo sin acción no es más que otra forma de seguir en las mismas, día tras día, vida tras vida, eternamente anhelando lo que somos, pero incapaces de trabajar para obtener ese cambio que añoramos.

Nuestro mal comportamiento puede ser comparado a la locura. Según Albert Einstein, "la definición de la locura es repetir lo mismo una y otra vez esperando tener un resultado distinto". Debido a nuestra ignorancia, nos hemos acostumbrado a crear un espejismo de quienes en realidad somos. Al estar ausente de nuestra propia vida, nuestra verdadera esencia, nuestra alma, nunca ha tomado su legítimo lugar en nuestro propio ser, siendo esta la mayor de nuestras faltas.

Como es de suponer, al no valorar nuestra herencia o dones espirituales, sólo creamos discordia. ¿Entonces como pretender ser armoniosos, prósperos, sanos o felices? Sepa que con nuestros pensamientos, palabras y acciones, constantemente ponemos un orden que nos a de manifestarse en nuestras vidas. Todo comienza con un pensamiento impulsado por su percepción. Cada orden utiliza la información previamente guardada. Si los pensamientos almacenados no son positivos. La energía o intención que se le dedique al pensamiento le ha de traer la manifestación llena de imperfección creando más confusión y trastorno. De este modo afectando a usted y a todos los que están a su alrededor.

Es un error el no profundizar en su divinidad. Como se que el ahondar en los tesoros que el alma guarda proporciona el bienestar que todos deseamos alcanzar. Si sus metas son pequeñas no espere nada grande, mas si espera ver maravillas, así las veras. El tener metas pequeñas viene de la mente del hombre, nunca del alma. El vernos imperfectos o limitados viene de nuestra ignorancia. Desafortunadamente muchos se limitan sin saber que ningún alma vino al Planeta Tierra a tener dificultades. Esto es una fantasía creada por la mente, ya que nuestras imperfecciones desaparecerían con tan sólo reclamar lo que ya es nuestro por herencia propia. Muchos guardan la información incorrecta y son estas personas las primeras que se niegan a cambiar aquello que tiene el poder de destruirlos.

Estas costumbres obsoletas crean un comportamiento insano que hay que necesita ser cambiado. Este comportamiento desequilibrado gobierna los sentidos y consecuentemente gobierna la vida del individuo. Esto demuestra que las imperfecciones del ayer están vivas y latentes entre nosotros en el presente. A menos que la humanidad este dispuesta a aprender a hacer algo distinto a lo que esta acostumbrado, seguiremos haciendo lo mismo que hasta ahora y como consecuencia solo llegaremos a tener los mismos resultados, insanos, injustos y crueles.

Ante la falta de conocimiento de como usar nuestras herramientas espirituales correctamente, y al no estar concientes de quienes somos, nuestras vidas se han convertido en lo que nunca debieron ser, una carga. Como consecuencia del estar ausentes de nuestras vidas, nuestro lugar lo ocupa la decadencia y el desorden. Garantizando que todo lo que pensemos, digamos o hagamos nos traerá lo ya conocido y debilitante.

Nuestro comportamiento se ha vuelto irracional, indisciplinado e incoherente. Es como si el peso de nuestra ignorancia nos hubiese paralizado y estuviéramos esperando la llegada de una píldora mágica la cual lo cure todo. Pretendiendo que dicha píldora tenga el poder de hacer por nosotros lo que hasta la fecha no hemos sido capaces de hacer por nosotros mismo. Claro esta, la píldora no ha llegado, ni nunca ha de llegar.

Después de tantos años de ignorar quienes somos y a lo que vinimos, hemos logrado destruir vidas, el planeta y especies de animales que cohabitaban entre nosotros. Encarnación tras encarnación hemos venido para aprender amar y a demostrar que tenemos la capacidad de hacerlo. Sin embargo, no hemos logrado hacerlo ni sentirlo. ¿Cómo poder sentir amor o compasión por otro, cuando no sentimos amor o somos compasivos con nosotros mismos? ¿Será posible que nuestra falta de amor sea la causa de nuestra discordia? No se engañe, si no demostramos tener amor o compasión, es porque estas energías o cualidades están ausentes de nuestras vidas. Como de seguro también están ausentes de nuestros hogares, familias, trabajos, barriadas, escuelas, ciudades, pueblos, países y de nuestro mundo.

Se cuan difícil es razonar cuando estamos en medio de un dilema. Lo menos que nos entendemos en ese momento, es que somos chispas divinas y que el supuesto dilema es producto de nuestra percepción distorsionada. Es imperativo que recordemos nuestra grandeza y que aprendamos a actuar como herederos del Rey, y no como sus lacayos.

¿Desea saber más acerca de cómo funciona el contrato de las almas? ¿Le gustaría saber como este contrato, el cuál fue firmado por usted, puede ayudarlo en su vida diaria? Entonces esta leyendo el libro adecuado, pero si lo que busca es una píldora mágica, no la ha de encontrar en ninguna de las páginas de este libro. Nuestro contrato espiritual no es conocido abiertamente y por tendencia, la humanidad le pone atención a aquello que le puede trae los conflictos que dice no desea tener. Sin embargo, aquello que sí tiene la capacidad de mejorar y de cambiar en su vida es menospreciado o pospuesto, quizás para otra encarnación, o quizás, en aun más allá. La necesidad de crecer mentalmente y espiritualmente nunca ha sido tan necesario. Despertar de la ilusión de la vida y salir de sus garras es imprescindible para nuestra sobrevivencia. Despertar y eliminar toda creencia errada equivale a darle valor a la energía que corre por sus venas, es amarse a sí mismo y es amar a todo lo que tiene vida.

Despertar a su espiritualidad equivale a recibir la sabiduría de su alma, es estar conciente que usted es luz y como tal, tiene la capacidad de iluminar y de entender todo lo que hasta ahora ha quedado vedado u oculto en su ausencia. Aceptar su divinidad y usar sus dones con sabiduría le ha de llevar a ver la profundidad de su alma. Como puede ver, lo que les presento es mucho más que una píldora mágica. Si desea esperar a que algo fuera de usted resuelva su presente situación, sepa que por tener libre albedrío puedo seguir esperando, pero mi deber es dejarle saber que esto no es crecimiento espiritual y por el contrario sigue siendo estancamiento.

¿Desea un milagro? ¡Sea el milagro que desea tener! Usted es el milagro y quien hace el milagro. Usted es el sueño y el que lo sueña. Usted tiene la capacidad de hacer sus sueños realidad tan solo aprendiendo a trabajar con sus dones espirituales, los cuales han estado con usted a través de la eternidad. El ser quien hoy es ha estado con usted en cada una de sus encarnaciones y es parte de todas sus experiencias. Su verdadera esencia es parte de su estructura de molécula y genética. Esta bien cerca de usted, pues su verdadera esencia es la fuerza vital que corre por sus venas, es el aire que respira, es la vida y la vida es usted.

La raza humana ha vuelto a "la escuela para las almas" deseando aprender y en lugar de la vida convertirse en una experiencia digna de tener, se ha convertido en un lastre. Hemos caído en la rueda de la reencarnación una y otra vez, como si nuestra labor fuera permanecer en un carrusel sin paro o salida. Lo triste de todo es que hemos nacido tantas veces que ya es difícil recordar porque estamos aquí. Hemos tomados diferentes organismos, hemos vivido en diferentes países, hemos tomado diferentes formas, cuerpos, colores y tamaños. Sin embargo, nada ha despertado la chispa del alumbramiento o hemos comprendido que el ciclo del renacimiento se puede romper. ¿Cómo podemos quedar libres de las garras de la ignorancia y su debilitante limitación?

Sepa que en cada encarnación nacemos en el mismo núcleo familiar, razón por la cual debemos de honrar a toda persona del núcleo al cual hoy pertenecemos. Existen queines de generación en generación han tenido la visión de avanzar la línea del núcleo o sangre familiar, ya sea su legado una invención que beneficie a todos, o un simple acto de bondad capaz de cambiar la percepción del núcleo. Hemos elegido experimentar ser macho o hembra, hemos escogido a nuestros padres, amigos y experiencias. Sin embargo, al no saber que somos el arquitecto de nuestro destino, cuando sucede algo que no es de nuestro agrado, apuntamos el dedo al primero que se ponga delante de nosotros. El ignorar nuestra grandeza o lo que tenemos a nuestro alcance, es causa de seguir creando confusión y al adoptar esta imperfección no se nos permite cambiar. Sin embargo, el cambio es inevitable y tarde o temprano, con o sin nuestro consentimiento, el cambio ha de llegar.

Deténgase a hacerse las siguientes preguntas: ¿Qué significa la vida para usted? ¿Cómo desea que sea su vida? Y más importante aún, ¿quién es usted y a que vino al Planeta

Tierra? Sepa que al no buscar su verdad equivale a que su llama interna, se quede en el fondo de su alma sin ser expresada o entendida por la persona que mas se beneficiaria al hacerlo, *usted.*

    La sabiduría es para ser usada para el bien de la humanidad. Tanto la sabiduría como el bien, son regalos preciosos que todos tenemos a nuestro alcance y como tal, ambos deben de ser usados correctamente. De no ser así, el esfuerzo será inútil y sólo creará un vacío en la persona que intenta confundir al inocente con palabras huecas o con mentiras.

Rev. Rina A González

La dualidad de nuestra naturaleza

¡El único animal, que tropieza con la misma piedra dos veces es el hombre!

Sinopsis: YO SOY un alma y tengo mente. Mi alma dice que yo soy una chispa divina la cual ha viajado a través del tiempo y del espacio para volver a nacer y me asegura que el crecimiento requerido para trascender toda limitación acumulada es posible en esta encarnación. Mientras que la mente se encuentra de vuelta en los campos fértiles de este hermoso planeta tan despistada como lo estaba antes, tratando de recordar lo que ha olvido.

En esta encarnación soy mujer y antes de mi llegada, aún estando despistada, se que desee tener una buena vida. ¿Entonces que me lo ha impedido? La mente no recordaba lo que el alma sabe y al no escuchar los consejos sabios que el alma brinda, no pude dar solución a la confusión. La confusión crea desorden y al no tener memoria espiritual, la lógica y el razonamiento se ausentaron de mi vida.

Tengo que decir que con todos los errores cometidos, soy una persona agraciada y bendecida. Después de vivir dentro de la confusión, llegue a comprender que la vida se puede vivir de otra manera, siempre y cuando permita ser guiada por la luz del alma y los buenos consejos de mi buen compañero, mi Ángel de la Guarda.

Recuerdo que antes de llegar a esta conclusión, intente cambiar muchas veces y siempre encontré la mente haciéndole resistencias al cambio. Una mente acostumbrada a hacer y a deshacer no quería cambio. Aún más cuando este cambio corresponde a perder el control al cual se esta acostumbrado y por mucho que deseara cambiar, no sabía salir de la trampa creada por la mente.

En este momento, viajemos a donde todo empezó, mi nacimiento. Mi nacimiento fue espectacular. Sí, como todos los que tenemos cuerpo y vivimos en la tierra, yo también nací y para el deleite de mis padres llegó a sus vidas la maravilla a quien ellos nombraron Rina. Mis padres estaban muy alegres por mi llegada, nací un día domingo, en el mes de junio del 1,944 en la cuidad de La Habana, Cuba. Al nacer alguien se aseguro que estaba respirando, e incluso se aseguraron de que tenía todos mis dígitos en manos y pies, mientras otra persona se cercioro de que mis funciones corporales funcionaban correctamente. Después de la breve inspección el doctor le dejo saber a mis padres que su recién nacida era normal. La pregunta es: ¿yo era normal, comparada a qué?

En aquella época no existían analices de sangre con la capacidad de detectar anomalías. La medicina no estaba adelantada lo suficiente como para hacer las pruebas que hoy son rutinarias. Por lo tanto mis padres no sabían que yo nací con el factor RH negativo y que con toda probabilidad necesitaba una transfusión de sangre. Sin embargo, no sabiendo esto hicieron lo único que podían hacer; ignorar lo que llego a ser necesario comprender.

Debido a la ignorancia de la época, yo estuve enferma la mayoría del tiempo de distintos padecimientos y complicaciones. Toda enfermedad era derribada del factor RH negativo en mi sangre. No fue hasta el nacimiento de mi tercer hijo que me fue aplicado el antídoto a mi padecimiento. Remedio el cual consistió en extraer sangre intravenosa en las primeras 48 horas de haber nacido la criatura, enviar la sangre a un laboratorio y luego convertirla en un suero cual me fue administrado al tercer día. Afortunadamente, el antídoto funcionado y hoy gozo de la salud que nunca tuve durante mi niñez, con la excepción de que no me exponga al calor.

    Mi infancia fue una mezcla de alegría y de tristeza debido a mis alergias al calor. Puedo decir que vivía en una eterna fluctuación entre el sube y baja de emociones. Debido a mí reacción adversa al calor, no podía salir a jugar durante el día con otros niños y esto limitó el compartir con otros. Sólo podía salir a jugar al amanecer o a la caiga del sol. Ya que de salir en cualquier otro momento del día, mi piel se llenaba de ronchas y ampollas, las cuales supuraban y contaminaba el área que tocaba.

    Sin embargo, todo en la vida tiene su propósito, y con el tiempo comprendí las bendiciones detrás de mí tiempo a solas. Fue durante estos momentos que descubrí el poder del silencio y aún desconociendo sus muchas bendiciones, desde muy temprana edad aprendí a contemplar el silencio, a meditar y a ser autosuficiente en mi soledad.

    Años después llegue a comprender que mí tiempo a solas tenía como propósito enseñarme a conectarme con mi alma. Tanto así que recuerdo la primera vez que vi su luz, quedando hipnotizada. Hoy comprendo lo que en aquel momento no sabía. Estoy segura de que mi inocencia fue quien me llevo a contemplar el esplendor del alma. Y allí, en el silencio, fue que pude apreciar el inmenso amor que el alma encierra. Bajo su poderío aprendí a usar mis dones espirituales.

Mis Padres

*Sólo el corazón puede ver correctamente;
lo esencial es invisible a los ojos.*
Antoine De Saint-Exupery

Mis padres fueron seres apasionados, dedicados y locamente enamorados el uno del otro, los cuales con la responsabilidad de tener hijos perdieron la tranquilidad y todo raciocinio. Tanto mi padre como mi madre, gozaban de un gran sentido del humor, aunque Pipo era mas amigo de la risa que mi madre.

Como eterno soñador, mi padre demostró sus habilidades artísticas al enseñarse a tocar la guitarra y el violín. Era buen amante del arte, no solamente cantaba, sino que también era artesano y hacia maravillas con sus manos. Sus talentos y habilidades artísticas son parte de toda su descendencia y siendo místico, tuvo la visión de sacar a su familia de Cuba mucho antes de la caída de Batista.

Pipo es un personaje en nuestra familia, tanto así que en la actualidad continuamos nombrándole como ejemplo de conducta intachable y de honradez; por eso y mucho mas, el siempre es recordado con amor y admiración. Mi padre fue el eterno alumno de la vida y para mí, fue mi gran profesor. El veía en mí lo que me tomo años por descubrir y entender.

Mi madre fue una mujer hermosa y no cabe duda alguna que ella estaba locamente enamorada de mi padre desde muy jovencita. Ella amo a sus hijos, a su esposo, a su familia, a sus amigos y a su patria. Mima era extremadamente limpia y aunque no le gustaba cocinar, era muy buena cocinera. Recuerdo sus postres, tanto así, que el solo recuerdo de ellos se me hace agua la boca. Tanto mi padre como mi madre tenían la habilidad de decir lo que tenían en mente. Lo cual no siempre del agrado de muchas personas. Al padecer del mismo mal, entiendo que ser sincero y espontáneo en todo momento con toda persona y bajo toda circunstancia es mejor que ser hipócrita. Lo único que no entiendo es porque si ambos eran sinceros, a mi padre se le aceptaba su sinceridad, mientras que la sinceridad de mi madre caía mal. Quizás la risa de mi padre hacia sus palabras más aceptables, mientras que mi madre decía lo que tenia que decir sin risa alguna.

A pesar de esto, mis padres carecían de disciplina, prudencia y tacto los cuales son imprescindibles para evitar eventos desastrosos; eventos que a diario se vivían en nuestro hogar. Lo penoso de todo es que mis padres no conocían como arreglar su situación y no comprendían que donde existe discordia, la energía se dispersa impregnándose en las paredes de la casa, en los muebles, en la ropa, en todo objeto y en el aura de los miembros de la familia; y sin ellos saber o querer que esto sucediese, la energía de nuestro hogar estaba siendo contaminada.

Siendo sanadora espiritual (holística) comprendo que la contaminación de nuestro hogar fue el conducto que malogro muchos de los planes que mis padres tenían para ellos y para sus hijos. Se que la discordia hizo estragos en mi, al extremo que me pregunto, si mis alergias no fueron empeoradas por la contaminación de la casa. Las llagas eran dolorosas y la cura era lo fue aún más. Pudiéramos decir que estos episodios causaron dolor en mí, pero comprendo que mis padres padecían del mismo dolor.

Estoy segura de que las discordias no eran deliberadas, pero lo cierto es que sucedió y tristemente la desarmonía de mis padres creo desconfianza en las personas que ellos más amaron, sus cinco hijos. Estoy segura de que mis padres nos amaron entrañablemente. Como también entiendo que si ellos hubiesen sabido hacer las cosas de otra manera, nuestra historia hoy fuera distinta.

El Contrato de las Almas

    Hoy comprendo que mis padres no sabían que la vida se podía vivir de otra manera. Se que ellos también deseaban tener una vida mejor a la que tuvieron. Nuestra realidad esta colmada de dulces momentos que se escaparon en medio de la confusión vivid. Al no saber corregir lo sucedido, nuestras vidas fueron la mezcla de tener deseos y de no saber como realizar lo deseado. Esta fue la energía que nos moldeo y lo único que pudimos dar a nuestros hijos años después.

    Amo a mis padres y respeto la memoria de ambos, sin embargo, tengo que confesar que hubo momentos donde estaba en total desacuerdo con ellos; al extremo de creer que podía hacer las cosas mejor que lo que ellos lo habían hecho. Y para mi gran asombro cuando llego mi momento, me vi repitiendo las cosas que ellos habían hecho.

    Hoy he llegado a ese lugar donde puedo comprender que estas personas que cometieron tantos errores fueron los que yo escogí como padres en esta encarnación, y se que nada que sucedió fue hecho deliberadamente entiendo que todo fue hecho en nombre de un amor que ni ellos mismos entendían. Mi amor por ellos nunca a disminuido. No guardo resentimiento alguno. Le estoy eternamente agradecida a los dos por sus enseñanzas y les doy las gracias por el tiempo que me fue permitido tenerles. Les estoy muy agradecida al ver cuan grande es el amor que nos tuvieron aún en medio de la confusión y de la discordia vivida. Hay veces en la que me pregunto si parte de ser divino es olvidar quiénes somos, como si olvidar nuestra divinidad nos diera permiso a actuar tan absurdamente.

    Como buena observadora, note que algo curioso sucedió al mudamos a Nueva York. Con el tiempo los conflictos entre mis padres mermaron y llegue a comprender que la influencia de la familia de mi madre era la causa de la discordia. Yo diría que en Nueva York al estar solos, fuimos felices. La única explicación por el cambio fue que salimos de la contaminación de la casa y de la familia de mi madre.

Mientras el amor por mis padres me lleva a disculpar todo trauma de mi infancia. El desamor, la envidia y la codicia demostrada por la familia de mi madre hacia nuestro núcleo, me da el permiso a acusarles por los actos cometidos hacia nosotros. Actos que malograron sueños, esperanzas y vidas. Para mi padre, el salir de Cuba fue duro, no obstante, él se sobre impuso al dolor de abandonar su patria para sacar a su familia de bajo de la mala influencia que esta gente tenia y aún tienen. Sin embargo la vida, por ser vida, se aseguro que después de la muerte de mi padre en septiembre del 1,958 mi madre se viera forzada a enviar a sus cinco hijos a Cuba bajo la tutela de las mismas personas que mi padre no quería estuvieran a nuestro alrededor.

Comprendo que su muerte cambio todas nuestras vidas abruptamente y al mi madre quedar viuda a los 36 años se vio forzada a recurrir a su familia. Ella nos envió al cuidado de su familia, quedándose sola en Nueva York donde trabajó para que a nosotros no nos faltara nada. En mi opinión, Mima hizo lo que muchos no harían. Nunca la oí quejarse, pero si la vi convertirse en el sostén de la familia, algo para lo cual no tenía experiencia alguna. Trabajo día y noche para que tuviéramos techo, ropa y comida.

Meses después de habernos enviado a Cuba, al darse cuenta de la falsedad de su familia regresamos a Nueva York, pero el daño ya estaba hecho. Con el tiempo, Mima dejo de ser la esposa y ama de casa para convertirse en una mujer autosuficiente. Mima fue una mujer guerrera y por ser sobreviviente de la adversidad tenía la sombra del dolor y la amargura. No obstante, fue ella quien les dio a sus hijos el permiso para seguir adelante con sus vidas. Ella celebró la luz de Pipo para que nosotros le recordáramos, al extremo que todos los niños en la familia conocen a Pipo íntimamente.

Tuve la dicha de conocer a mi madre y se que fue una persona con una increíble capacidad de amar. Soy testigo de sus noches de insomnio, de lo mucho que trabajó para darnos techo, educación, comida y ropa. Estoy agradecido por todo lo que ella hizo por nosotros como se que todo lo que hizo fue hecho a nombre de su amado, pues fue bajo su luz que ella más brillo. Mima fue quien nos vio crecer, fue la que estuvo presente cuando nos casamos y cuando tuvimos nuestros hijos. Mima fue la testigo de la persona en que nos convertimos. Conocía nuestras fortalezas y debilidades. También sabía lo que cada uno de nosotros guardábamos en nuestro corazón, mente y alma. Hoy rindo homenaje a la mujer que fue nuestra madre y lo hago a nombre de sus cinco hijos, incluyéndome a mi misma, como incluyo por igual a sus nietos, bisnietos y tataranietos. Doy las gracias a este incomparable ser por su gran amor.

Es evidente que nuestra madre no fue la única que sufrió la muerte de nuestro padre, ya que todos nos convertimos disfuncionales en el mismo instante que el seudónimo "huérfano" llegó a nuestros tiernos oídos. Después de la muerte de Pipo, la poca cohesión que había entre nosotros desapareció y al esto suceder no hubo comprensión, compasión o tino, pero si hubieron malas acciones y muchas consecuencias que pagar.

Para algunos de nosotros la vida se convirtió en una triste, apagada, mientras que para otros, el dolor dio curso al libertinaje. Al no haber comprensión entre nosotros cada uno tiro por su cuerda y la ruptura del núcleo familiar esta vigente hasta el día de hoy.

Para mí, la vida se convirtió difícil en muchos aspectos. Mientras caminaba, hablaba y parecía coherente, algo dentro de mí había desaparecido lo cual fue recuperado con el transcurso del tiempo. Los episodios en mi vida estaban llenos de mi mal comportamiento; al actuar insensatamente y deliberadamente sólo logre debilitar mis fuerzas.

Me case con la misma persona en diferentes cuerpos, tuve hijos sin saber ser madre y aún tenia la esperanza de guiarlos por el buen camino sin saber como hacerlo. No fue hasta que tuve claridad mental que pude ver los mil y un errores que cometí.

La claridad mental me llevo a comprender lo que antes no podía ver. Fue entonces que pude perdonar todos los errores cometidos y aquilatar a la persona que fui; de igual manera aprendí a valorar a la persona que hoy soy. Fue al comprender los sucesos de componían mi vida que llegue a aceptar la posibilidad de que lo que sucedió fue parte del Plan Divino y me gustara o no, el plan fue ejecutado a toda perfección.

No hay nada oculto entre cielo y tierra. La confirmación a lo deseado llega cuando menos lo esperamos. El día que mi hija Silvia nació, fue un día para mi lleno de emociones, no solo fue mi primera hija, sino la primera nieta de mi madre y tanto ella como mis hermanos estaban en Nueva York y no sabía cuando volvería a verlos. Ese día pensé en la alegría que mis padres sintieron el día que yo nací y pude ver el gran amor que se tiene por un hijo.

Si quedaban cuantas pendientes entre nosotros, ese día quedaron saldadas, pues al mirar a la niña dormida en mis brazos, con lágrimas corriendo por mi rostro, lo que tanto me había disgustado de mis padres lo vi como parte de la eterna cadena del nacer y morir. Mis padres había terminado su eslabón y ahora comenzaba el mío, fuera este mi triunfo o mi calvario.

1,944, Año del Mono

El odio no desaparece odiando, solo el amor lo sana.

Mi alma escogió La Habana, Cuba como lugar de nacimiento. El día 11 de junio del 1,944 llego mi luz al mundo. Para esta fecha ya Cuba había ganado su independencia de España con la ayuda de su vecino al norte, los Estados Unidos, en el evento que lleva por nombre, "El Incidente del Maine". En el 1,936 los Estados Unidos salio de la depresión financiera y en el 1,941 se involucró en La Segunda Guerra Mundial tras el ataque a el *Pearl Harbor* el 7 de diciembre del mismo año. La economía mundial estaba en decadencia y cualquiera que fuera la escala social del individuo, todos sufrieron las consecuencias de esta terrible guerra. Como aliado de los Estados Unidos, Cuba luchó junto a su vecino al norte en esa guerra. Pudiéramos decir que Cuba le devolvió el favor a los Estados Unidos teniendo pérdidas y bajas personales en su conflicto. El estado anímico del mundo no pudo haber sido bueno en esa época. Los que fueron a la guerra sabían que su destino era inseguro y los que se quedaron detrás se llenaron de valor, fuerza y resistencia lo cual los hizo más indulgentes.

Cuando niña, La Segunda Guerra Mundial no era parte de mi experiencia. Aún así, este periodo de nuestra historia me llamo la atención y he leído lo suficiente como para saber de los efectos catastróficos que tuvo sobre la humanidad. Demás esta decir que yo no creo en las guerra. Opino que es un acto injusto e inhumano, como considero que cualquier violencia es absurda. El acto o el ser parte de cualquier tipo de acción donde la energía es impura hace a la persona débil, e incluso el individuo se llega a convertir cínico y perverso. Toda guerra, todo conflicto, es un evento donde nadie gana, más ambos lados oran a su "Dios" y le piden victoria sobre el oponente. ¿Como es posible que hombres de fe se osen llamar a Dios pensando que su lado es el justo y es merecedor de la intervención divina? ¿No es absurdo el asumir que Dios escucha semejante ruegos? Absurdo y desconcertante, No obstante, el infinito esta lleno de semejante porquería.

Mi padre era un hombre sencillo, no se complicaba la vida con cosas como las guerras. El era apolítico y solamente una vez recuerdo que había un candidato de su agrado en una de las elecciones en Cuba. Sin embargo, por el ser quien el era, un día vino a verlo un amigo y le pidió su ayuda para la revolución de Cuba. Dicha ayuda consistía en compra de bonos. Mi padre miró al joven y le dijo: "Dime que mi dinero a de comprar dos balas, una para Batista y otra para Castro y te compro todos los bonos que tienes". El joven miró a mi padre y le contesto, "no puedo darte esa garantía". A lo que mi padre le contesto, "entonces no puedo ayudarte". Ambos se miraron y mi padre añadió; "Yo no puedo poner mis valores a un lado para ayudar tu causa ya que al hacerlo sería ir en contra de mí mismo y si de algo estoy seguro es que los únicos que sufrirán las consecuencias de nuestras acciones de hoy han de ser los inocentes. Yo no quiero ser parte alguna de semejante bajeza".

Años después mi madre fue testigo de la conclusión de esta historia. Mi padre ya había muerto, Castro había tomado el poder el 1 enero 1 de 1,959. El joven había regresado a Cuba sólo para darse cuenta que se había equivocado. Poco después regresó a Nueva York con un gran peso en su corazón. Me atrevo a decir que nunca más fue la misma persona. Y en la misma sala que años antes le había pedido ayuda a mi padre dijo: "Albino tenía razón de no haberme querido ayudar. Me alegro que él no tomó parte del dolor que mi ignorancia ha causado a tantos".

Aunque a mi no me gustan las guerras, se que las guerras existen porque dentro de cada uno de nosotros vive la chispa del miedo y del odio, la cual enciende la llama de la discordia. Hasta que esto sea entendido y a nivel personal todos se liberen de esta imperfección, las guerras han de continuar en nuestras vidas, en nuestras casas y en todos los países del mundo.

El Contrato de las Almas

Así giro mi mundo

> *Una actitud sana es ver que ayer fue ayer y hoy es hoy y todo es nuevo. La vida es así y a cada instante la vida cambia. Si solo observamos el ayer, entonces dejamos de ver lo nuevo que la vida ofrece a cada instante, a cada hora.*
>
> **Dzigar Kongtrul Rinpoche**

En octubre de 1,944 un huracán de categoría 3 golpeó las costas de Cuba. Los preparativos en nuestra casa para el potencial de resultados catastróficos consistieron en usar lo que teníamos a nuestro alcance para protegernos del mal tiempo que se avecinaba. La mesa de la cocina nos sirvió de barricada a mis padres, a mi hermana mayor y a mí. Fui colocado en una cesta y a Flora, mi hermana, le dieron un juguete. Para mis padres poder oír el pronóstico del tiempo desde nuestra trinchera, mejor conocida por "La Cocina González", mientras hubo electricidad, el volumen de la radio se mantuvo al máximo. Bajo estas condiciones rudimentarias nuestra familia paso la tormenta, afortunadamente, con nuestras vidas, hogar y sentido del humor intacto.

Debido a las diferentes personalidades de mis padres, mientras que mi padre se preocupo, mi madre estaba tranquila. Quizás Pipo pensó que fuera buena idea tener un bote de remos en la cocina, en caso de una inundación. Mientras que Mima muy probablemente pensó que Pipo estaba exagerando y hasta durmió una siesta. Escuché decir que el huracán fue tan fuerte que destruyo el hospital donde yo había nacido unos meses antes. Al no oír nada más sobre el tema se que nuestra experiencia no pudo haber sido tan mala. Inclusive, me encanta los días lluviosos, me fascinan los días de ventoleras y siento una gran admiración por los rayos y los truenos. Al extremo que puedo dormir perfectamente bajo la peor tormenta. Como verán ese evento no me causo trauma alguno; entiendo que mi distracción o mi desamor a los malos pensamientos, chismes o conflictos no fueron producidos por el viento, trueno, rayos o la lluvia del 1,941. Ambos son innatos en mí. Quizás la próxima narración les lleve a ver que existen pocas cosas que me sacan de mi centro.

Al regresar a Queens, Nueva York, después de dos matrimonios y dos hijos, encontré que más que necesario trabajar, era imprescindible. Siempre tuve buenos trabajos, el único problema fue que ninguno me gusto lo suficiente como para hacer de ellos una carrera.

La tormenta de Nieve. Como buena despistada fui a trabajar bajo una de las peores tormentas de nieve registrada teniendo solo dos quejas: 1) La nieve no me dejaba ver por dónde iba y 2) Los trenes (el Subway) estaban lentos ese día. Me encanta Nueva York, creo que lo que más me gusta de los neoyorquinos es que nadie se mete en la vida ajena. Cualquier persona puede caminar vestido como en malas fachas para pasa por desapercibido. El día de la tormenta lo mismo sucedió, nadie me preguntó por qué yo estaba en la calle bajo tan malas condiciones y a mi no se me ocurrió preguntar lo que sucedía.

Debido a la tardanza de los trenes llegué a media mañana a la oficina y para mi asombro yo era la única que había ido a trabajar ese día. Las únicas luces venían del sistema de emergencia, sin embargo trabajé bajo esas condiciones. El ambiente de la oficia era relajante, claro había silencio y la paz me dio alegría por estar en un lugar seguro en medio de la tormenta.

Encontré que a medida que pasaba el día más me relajaba, al extremo que pude terminar todo el trabajo que tenia pendiente. La tranquilidad de la oficina me llevó a encontrar paz dentro de mí y me sentí agradecida por todo en mi vida. Estaba agradecida de que a pesar de no poder salir del edificio para ir a comer, encontré la solución en el refrigerador de la cocina con sobras de mis compañeros. Para ser honesta, solo extrañe a mis hijos y el único inconveniente fue no haber puesto el cepillo de diente y la pasta dental en mi cartera. El abrigo que use ese día era pesado y me sirvió de cobertura durante las dos noches que dormí en el sofá de Andy.

Esa tarde, alrededor de las 5:00 p.m. miré por la ventana de mi oficina del 1540 Broadway desde el piso 17 y contemplando el poder del viento me conmoví. Comencé a comparar la furia del viento a la mala conducta del ser humano. Me sonríe al ver que ni en sus peores momentos la Madre Naturaleza pierde los estribos ya que al estar llena de compasión siempre da lo bueno que tiene para dar. Observé como el viento movía la nieve de un lugar a otro, como si el viento tuviera manos y supiera lo que estaba haciendo. El viento siguió el juego de recoger la nieve de un lado para colocarla en otro lugar. Pude notar como la nieve no hacia resistencia alguna, ella solo se dejo llevar.

Pude ver como la nieve fue levantada, movida y moldeada a un montón nuevo de nieve permaneciendo limpia y pura. En medio del caos, había lógica, ritmo y belleza. En los movimientos de la Madre Naturaleza había esplendor. Su perfección fue tal que fui testigo de la gracia divina trabajando y pude ver como en medio de una fuerte tormenta ella percance serena y en armonía con todo. Fue al contemplar la furia del viento y su delicadeza que comprendí que los humanos tenemos dos naturalezas: espíritu y humanidad.

Intuitivamente, comprendí que todo desajuste humano viene de no conocer nuestra perfección. Dios Padre es nuestro espíritu y Dios Madre es nuestra humanidad. ¿Después de todo, quien puede discutir que somos almas teniendo una experiencia física o que tenemos los minerales, proteínas y compuestos químicos de la Madre Naturaleza? Entonces me pregunte, por qué teniendo su gran poder a nuestro alcance y estando dotados de tanta gracia y belleza, los seres humanos creamos desajustes en nuestras vidas, cuando todo lo que tenemos que hacer es seguir el fluido de la vida y desde nuestro Centro de Gloria (el corazón), usar nuestros dones espirituales para guarecernos de todo mal tiempo.

Como llegué hasta allí. A los 24 años me habían dado el cargo de asistente del departamento de crédito de Loews en Manhattan. Loews fue una de las primeras corporaciones que diera tarjetas de crédito a sus huéspedes y clientes. Los pagos de las deudas se hacían en efectivo, o con un cheque personal o de negocio. Los cheques sin fondos caían bajo mi jurisdicción. Parte de mi responsabilidad era procesar los cheques sin fondos, informar a los gerentes de crédito de cada hotel y cobrar el dinero que se debía.

Yo nunca veo lo malo en la gente, veo el alma en cada persona. En aquel entonces me costaba mucho trabajo ver los malos defectos o intensiones. A los 24 años yo era inocente, bonita, sexy y mi inocencia me llevo a que me gustara trabajar. Es interesante recordar como fue que me dieron el cargo.

Todo comenzó el día que fui al departamento de recursos humanos de Loews en busca de trabajo. Las oficinas estaban localizadas frente de los estudio de CBS en Manhattan, subí al cuarto piso y mientras llenaba la aplicación, una persona salió de una de las oficinas diciendo que se necesitaba una persona bilingüe -español e inglés- para el departamento de colección en Manhattan. Me levanté, y dije que yo hablaba ambos idiomas. Me llevaron a una de las oficinas donde terminé de llenar la aplicación. Me dieron un papel con la dirección y el nombre de la persona con la cual tenía que entrevistarme. En memos de 45 minutos el trabajo era mío, y comencé al día siguiente.

Esta fue mi primera experiencia llamando a personas para cobrarles lo que debían. Al escuchar el trato que mis compañeros de trabajo daban a estas personas, decidí que yo trataría a cada cual como yo quisiera ser tratada. Si me colgaban el teléfono nunca lo tome personal, solo volvía a llamar hasta que poco a poco por el tono de la voz sabía si la persona iba a pagar o no. Todos los empleados teníamos un escritorio, un teléfono y una caja con tarjetas con la información del deudor. Mi oficina tenía una ventana que daba hacia una de las partes más lindas de *Time Square*. Recuerdo que aprendí hacer mi trabajo rápido, sin permitir que una cosa tan insignificante, como colgar el teléfono, me molestara. Poco después de haber comenzado a trabajar, uno por uno de mis compañeros vinieron a mi oficina a desearme buena suerte y a darme sus "regalos". Un regalo puede ser un sin fin de cosas, pero los regalos que ellos me trajearon aquel día fueron las tarjetas de los clientes que ellos a los cuales ellos no les podían cobrar. Al yo no saber sus intenciones agradecí sus regalos y llamé a cada uno de las personas que debían dinero.

 Quizás fue mi inocencia o quizás fue mi despiste lo que me llevo a llamar a todas las personas; o talvez simplemente tenía que pasar. El dinero comenzó a llegar a la oficina. Todo pago llego a la oficina con mi nombre impreso en el sobre, al extremo que en una semana todos me decían: Atención Rina González. Como es de suponer esto me destaco ante mis superiores, y los compañeros que tan atentamente me habían dado sus "regalos" no entendían lo que había sucedido. Todos los días llegaban cheques, los cuales eran entregados en mi mano por mi jefe, el solo me daba palmaditas en la espalda mientras se sonreía. Sin yo saber, puse orden el la oficina y eneñe a mis compañeros hacer su trabajo.

 Mi ascensión vino el día que en mis manos llego una tarjeta con el apellido mas largo que había visto en mi vida. Era tan largo que no podía pronunciarlo. Recuerdo que el apellido tenía solo dos vocales y el resto eran consonantes. Al no saber pronunciarlo decidí marcar el número telefónico y cuando contestaron del otro lado dije: "¿él señor se encuentra?". A lo que la secretaria respondió, "un momento señora". Poco después, un hombre contesto el teléfono y dijo: "dime querida".

Respiré profundo y me introduje diciéndole que aunque yo no era su esposa necesitaba hablar con él. Él me permitió hablar y cuando terminé se hecho a reír. Debía más de $4,000.00. Sólo Dios sabe por qué no había pagado su deuda. Aquí estaba yo, la más joven del departamento hablando con el cliente que todos hubiesen dada la vida por cobrarle, pero al no ser persistentes, fracasaron. El señor se río por largo rato, y yo deje que se riera; al terminar me dijo: "me encanta tu forma de ser, hoy mismo pago todo lo que debo". No sólo voy a pagar si no que hoy mismo voy a llamar a Tisch (Robert Preston Tisch) para hablarle de ti".

Como prometido, el dinero llego y al octavo día de haber comenzado a trabajar para Loews, me fue dada la promoción. Incluso recuerdo haberle dicho a mi jefe, Andy Medici -¿por qué?, Andy solo se sonrió mientras me daba palmaditas en la espalda. Nadie creyó esta historia. Agradezco las estrellas por mi buena suerte, como se que estar en el lugar correcto en el momento perfecto es lo ideal. Sin embargo, mi determinación de vencer la adversidad fue lo que me llevo a triunfar en ese momento y en otros tantos que he tenido en mi vida. Poco después, la empresa comenzó a llenar las plazas vacantes con los empleados que tuvieran las cualificaciones. Hubo una reunión general para dar la información al respecto y en medio de la charla, Andy me miró y dijo: "Rina, la única posición que no está a tu disposición, es la mía".

Referencias

1. <u>**El Incidente del Maine**</u>. La lucha de los cubanos para obtener su independencia de España había capturado la atención de los estadounidenses durante años. Existieron periódicos que agitaran la situación para que hubiera una intervención, reportando las sensacionales historias y las atrocidades que los españoles cometían en contra de la población cubana. Hubo reportes intencionales, sensacionalistas y exagerados. Esto continuó hasta después de que España sustituirá a Weyler y cambiara su política, para entonces ya la opinión pública estadounidense estaba a favor de una intervención en favor de los cubanos. En enero de 1,898, estalló un motín de líderes cubanos y españoles en contra del nuevo gobierno autónomo en La Habana. Esta hazaña causo la destrucción de las imprentas de cuatro periódicos locales, los cuales publicaban artículos críticos de las atrocidades del ejército español. El Cónsul General envío un comunicado a Washington D.C., pues existía el temor por las vidas de los estadounidenses que vivían en La Habana. En respuesta, el acorazado USS *Maine* fue enviado a La Habana en la última semana de enero. El día 15 de febrero del 1,898 el Maine fue sacudido por una explosión, matando a 268 de la tripulación, hundiendo el buque en el puerto de La Habana. La causa de la explosión no ha sido aclarada hasta el día de hoy. En un intento de apaciguar a los Estados Unidos, el Gobierno Colonial tomó los pasos que habían sido exigido por el Presidente William McKinley. Esto condujo a que terminara la reubicación forzosa de hogares y ofreció negociaciones con los combatientes de la independencia. Sin embargo la tregua fue rechazada por los rebeldes.

2. **Entre el año 1,942 hasta principios del 1,944**.
Siete barcos cubanos fueron hundidos por submarinos alemanes. Acción que ocasiono la muerte de más de ochenta marinos cubanos y tres estadounidenses. Estos barcos fueron torpedeados por barcos de Alemania cuales eran merodeadores, espías de nuestras aguas territoriales. Como evocación al mortal encuentro se erigió un monumento a los marineros cubanos caídos. Uno de ellos está situado en la Avenida del Puerto y la calle de O'Reilley, en un obelisco en frente del mar en el municipio de La Habana Vieja y la otra es en la ciudad de Cienfuegos, en el Parque del Mambí, el cual queda opuesto al parque de recreación Los Pinitos del Centro. Este monumento fue construido gracias a la contribución de los residentes del barrio de La Reina, para dejar un recuerdo de los marineros que fueron víctimas a bordo del buque Mambí. Por último, en el tema marítimo de guerra, dice el libro "Después de la marca alemana en Cuba", que un submarino de caza de la bandera cubana (CS - 13) el 15 de mayo del 1,943 fue capaz de derribar al submarino espía alemán en el sureste del faro, ubicado en Cayo Bahía de Cádiz, cerca de Nuevitas. Siguiendo con el tema de la relación de Cuba y Alemania durante la Segunda Guerra Mundial, en el libro se lee que una vez que se declaró la guerra a Japón, Italia y Alemania en nuestro país se crearon los campos de internamiento, también llamado campamentos de concentración del enemigo o prisiones en el municipio de Arroyo Arenas para las mujeres y otros para los hombres en Tiscornia, Torrens y la Isla de Pinos. En 1941, llegó a Cuba el espía alemán Agosto Kunning Heinz, el cual utilizó el nombre falso de Henry Augusto Lusin y aprovechando sus conocimientos de ingeniería de radio, bajo la apariencia de un pequeño comerciante de origen latinoamericano. Reunió información importante y los datos de naturaleza diversa de producciones de azúcar, café y tabaco en Cuba. También el

espía alemán informó a la inteligencia alemana sobre arqueo, capacidad y posibilidades náuticas de la flota marítima cubana, la cual hizo sus viajes entre puertos cubanos y puertos huéspedes en Europa, Estados Unidos y otros países del sur del Continente Americano. Estos informes permitieron las acciones que hundieran barcos cubanos en Manzanillo y Santiago de Cuba en 1,942, como ha sido citado anteriormente. Esto fue descubierto por las fuerzas de inteligencia cubana los cuales encontraron mapas, croquis y dibujos del Centro Cubano y equipos de comunicación diferentes a los receptores y transmisores de largo alcance y documentos demostrativos de sus contactos con otros Nazis y una curioso pluma-pistola, la cual en la actualidad se exhibe en el Museo y Biblioteca Pública, Oscar María de Rojas, en Cárdenas, Matanzas. Esta curiosa arma tomada del espía nazi, media 14.5 centímetros de largo y 25 de ancho el cual fue fabricado en los Estados Unidos, ya que su grabación inscripta al costado es: Erie Chemical Co., Cleveland, Ohio, Estados Unidos. Con un calibre de 12 mm, de un solo disparo y un gatillo en forma de botón, este arma letal llamado pistola o arma de lápiz, que estaba de moda en el siglo XIX y las primeras cuatro décadas del siglo XX, el cual fue utilizado principalmente por los viajeros, jugadores, profesionales, mujeres ligeras y espías en muchos países del mundo. *Por: Raúl Martell – fuente: Cubarte, el Portal de la cultura cubana.*

3. **Huracán de octubre de 1,944 Cuba-Florida.** El huracán de Cuba–Florida del 1,944 (también conocido como el huracán de Pinar del Río y La Habana del 44) fue un gran e intenso huracán de categoría 3 que afectó a Cuba y la Florida occidental. El undécimo ciclón tropical, séptimo huracán y tercer huracán de la temporada se desarrollaron sobre el sur del mar Caribe el 12 de octubre del mismo año. Se intensificó a huracán el 13 de octubre, alcanzó su pico el 17 y golpeó a Pinar

del Río con rachas de más de 160 mph (260 km/h). El huracán se aceleró y golpeó a suroeste de la Florida cerca de Sarasota el 19 de octubre. Se disminuyó a tormenta tropical, brevemente salió sobre las aguas al sudeste de Georgia y entro tierra adentro cerca de Savannah el 20 de octubre. Se convirtió en extra tropical en el sureste de Virginia el 21 de octubre. La tormenta del final de octubre de 1,944 finales fue eventualmente responsable por lluvias muy fuertes, amplia franja de destrucción y más de 300 muertes, especialmente en las zonas rurales de Cuba.

4. **La Tormenta de Nieve del 1,969 - del 8 al 10 de febrero de 1,969 en el norte**. Encontré esta escritura en la comunidad de Ancestos.com la cual fue escrita por Dave Tuttle: "Conocida como la "tormenta de Lindsay" (alcalde de la ciudad de Manhattan en esa época), la tormenta paralizó el área metropolitana de **Nueva York y Boston** por tres días, desde el 8 de febrero al 10 de febrero de 1,969. La tormenta se formo cuando se unieron dos áreas de baja presión. Una de ellas vino del Valle de Ohio, la cual se había debilitado después de moverse a través de las montañas, mientras que la otra se formó frente a la costa de Virginia. Esta área secundaria de baja presión se intensificó rápidamente y se trasladó hasta la costa de Cabo Cod. La mayor cantidad de nieve cayó sobre la ciudad de Nueva York y sobre las Montañas Blancas en New Hampshire. Nueva York y Boston recibieron su cuota de nieve, con más de 20 centímetros cada ciudad. Mi experiencia de esta tormenta fue una serie de eventos singulares. Apenas hacia dos semanas que había comenzado en un trabajo nuevo, para la IBM en Cambridge, Massachusetts, y ese fin de semana decidí ir a visitar a mis padres. Tome el vuelo de Aire Oriental vía La Guardia en Queens, NY para después viajar a la casa de mis padres en Pelham Manor, Nueva York. Cuando la tormenta descendió en la zona, el regresar a Boston fue donde la aventura

El Contrato de las Almas

comenzó. Al estar cerrados los aeropuertos decidí tomar el tren. Pelham es la última estación de trenes fuera de la ciudad, la cual queda a solo 31 minutos de la Estación Grand Central en Manhattan. Un valiente taxista me llevó a la estación de Pelham, manejando entre 8 pulgadas o más de nieve sobre el terreno con más nieve cayendo fuertemente. Cogí el tren expreso vía a la ciudad, y de ahí a la estación sur de Boston. En Nueva York, esperé en línea para mi boleto hacia Boston; la estación estaba ocupada pero no atascada. De casualidad escuche que la persona detrás de mí iba para Boston, pero fue rechazado ya que el tren ya estaba lleno, me habían vendido a mí el último boleto. Me enteré después que mi tren fue el último que entró en la estación en Manhattan ese día, y el tren a Boston fue el último tren que llego a la estación, pues después fue cerrada por la tormenta, un evento nunca antes visto. La tormenta golpeó el noreste. En Bedford, Massachusetts se grabaron 25 centímetros de nieve, Nueva York tenía 20 pulgadas y Portland, Maine terminó con 22 pulgadas. La tormenta obtuvo su apodo de John Lindsay, el alcalde de Nueva York en el momento. Su mal manejo de los acontecimientos, antes, durante y después de la tormenta hizo que muchos neoyorquinos se enfadaran con él perjudicando las posibilidades de su reelección. Los equipos de remover la nieve fueron lentos en responder debido a previsiones inexactas, y secciones de la ciudad de Nueva York permanecieron inmóviles durante una semana después de la tormenta. En el tren a Boston, todos los tripulantes nos sentíamos estar de suerte ya que no había otro medio de transporte que se pudiera mover. En primer lugar, no pude encontrar un asiento. Aún así las coincidencias seguían ocurriendo, en el siguiente coche me topé con Fred Abramson y su novia. Fred y yo habíamos sido compañeros de colegio en la primavera de 1,967, había compartido un apartamento fuera del campus con él ese verano. Los tres hablamos y compartimos bocadillos, nos turnamos para sentarnos y así pasaron las horas. El tren se detuvo dos veces durante una hora o más entre Nueva York y New Haven para permitir que el ferrocarril limpiara la pista delante de nosotros. Lo que normalmente es un viaje de 4 a 5 horas se convirtió a 9 ½ horas el cual lo recuerdo como la aventura en la noche dentro de una gran tormenta de nieve. Llegamos sobre las 6:30 de la mañana a la estación de Back Bay en Boston, cuando salimos pude ver los cielos despejados y un sol radiante aún cuando en el suelo habían casi dos metros de nieve. Ese día en medio de todas las inconveniencias tuve la dicha de haber tomado el último tren en Nueva York, y comprar el último boleto disponible.

5. ***Preston Robert "Bob" Tisch* (29 de abril de 1,926 al 15 de noviembre de 2,005).** Fue el Presidente y dueño de Loews Corporation junto con su hermano Lorenzo. Tisch nació en la sección de Bensonhurst en Brooklyn en el 1,926. El 16 de agosto del 1,986, fue nombrado Administrador General del Servicio Postal de Estados Unidos, cargo que ocupó hasta febrero del 1,988. Tisch recibió una Licenciada en economía por la Universidad de Michigan en el 1,948, y su esposa Joan Tisch y su hija recibieron grados de la misma Universidad. En el colegio, Tisch fue miembro de Sigma Alfa Mu, una fraternidad judía. Desde 1,991 hasta su muerte, Tisch poseía el 50% del equipo de fútbol americano New York Giants. Tisch murió en el 2,005 en su casa en Manhattan después de un año de una dura batalla contra un tumor cerebral inoperable.

La Visita

"No desperdicie su preciosa energía en pequeñeces. Concentre su potencial en lo que desea obtener sabiendo que sus sueños ya son suyos."

    Recuerdo el día en que Mi Presencia YO SOY (Mi Ángel de la Guarda), me visito. Al recordar nuestras aventuras, un profundo agradecimiento colma mi alma. Después de tantas vidas, había logrado entender algo del secreto que la vida encierra. Aún así, sabía que quedaba más por aprender y errores por subsanar. Ambos nos sonreímos y fuimos camino a la terraza donde contemplamos el cielo, y sus colores púrpura, rojo y naranja, crear un tapiz con sus luces incandescentes. ¡Qué vista tan maravillosa, parecía que los colores fueron escogidos para mostrarnos como el amor es creado! El bien nos rodeaba y al sentir su poderosa energía recordamos el bien que nuestra presencia había proporcionado en tantas vidas. Nuestros recuerdos nos elevo y nos llevo a volar entre los colores y las estrellas que adornaban el cielo en ese momento. Mientras más volaba entre los colores, más podía apreciar lo vivido, lo aprendido, lo compartido, lo tan soñado.

    A lo lejos pude ver al Planeta Tierra en perfecta armonía; quizás su armonía viene del saber cuan amada y necesitaba ella es, tanto en el Cosmos, como por toda alma que nace en ella. Fue cuando me vino a la mente que si el humano supiera su propósito sobre la tierra pudiera ser feliz y viviría en armonía. La vista de la tierra desde esa altura es comparable al suspiro de dos enamorados. Volé tan alto que el planeta se convirtió en un punto en la distancia brillando en la oscuridad. Fue entonces cuando me percate que mi Ángel de la Guarda estaba haciéndome gestos para que regresara. Fui a su encuentro preguntándome a que había venido, sabiendo que solo había una respuesta; el había venido para dejarme saber que necesitaba volver a vivir, sin embargo, había regresado recientemente y no deseaba volver al planeta, donde en medio de todo me había ocasionado tanto descontento.

Nuevamente en la terraza nos sentamos a conversar. Nuestra conversación se basó en las cosas básicas, como lo son el nacer, el morir y la necesidad de terminar con la rueda de la reencarnación. "La vida no se creo para ser malograda, su diseño fue hecho como la oportunidad de aprender, sin embargo, lo contrario ocurre al no entender como vivir". ¿Cómo puede una persona tener mejor vida si carece de saber utilizar el amor; dije sin percatarme que él me estaba observando?

Para los que no están familiarizados con la función del Ángel de la Guarda, permítanme hacerles una breve explicación. Cada persona desea es estar satisfecho, lleno, completo. Lo único que tiene el poder y la autoridad para satisfacernos, llenarnos y completarnos es nuestra individualizada Presencia YO SOY o Ángel de la Guarda. Los seres humanos, han oído decir que tenemos un ángel guardián, pero pocos intentan ponerse en contacto con su esencia. Mientras hablar de los ángeles es común, la humanidad no ha entendido que tenemos el deber de escuchar y de obedecer el consejo que nuestro ser superior nos da. Por lo regular hacemos lo contrario e ignoramos sus cuidos y mensajes.

Entre las muchas faltas que tenemos como seres humano, esta el repetir lo que desconoce y no entiende. Son nuestras acciones lo que nos trae malos resultados. Los seres humanos anhelamos la cercanía de algo fuera de nosotros, pero desconocemos que lo que nos esta llamando es nuestro Ángel de la Guarda. Por eso buscamos fuera de nosotros lo que creemos a de llenar nuestro vacío. Aún no hemos logrado entender que nuestro Ángel de la Guarda y nosotros somos la mitad, el complemento del uno del otro. Ambas partes son la totalidad de la chispa divina, la cual fue creada hace siglos y se dividió en dos partes, una arriba y otra debajo, seguimos siendo esa chispa y esencia divina.

Al no entender nuestra verdad el anhelo de tener su cercanía pasa desapercibida. Al hacer caso omiso de nuestra verdadera esencia, solemos confundimos con el sentirnos enamorados. Razón por la cual a nuestro ser superior le damos distintos nombres, según nuestra interpretación personal y equivoca. Quizás ahora puedan comprender el porque enamorarse ocurre tan frecuentemente como dejar de estarlo y decir amar entrañablemente a otro solo dura unos días.

Como consecuencia, y por ignorar la presencia de nuestro Ángel de la Guarda, a lo que sentimos le damos los nombres de, Nuestra Media Naranja, Nuestra Alma Gemela o Nuestro Verdadero Amor. Buscando en el sexo opuesto lo que creemos deseamos, sin llegar a obtener el encuentro de lo que ya es nuestro y esta a nuestro alcance en todo momento.

Nuestra Presencia YO SOY esta aproximadamente 15 pies por encima de la chacra coronaria de todo individuo. La otra mitad es nuestra alma, la cual esta situada en la segundo chacra de la columna vertebral conocida como la chacra del Sexo o El Asiento del Alma. La conexión con nuestro Ángel de la Guarda entra a nuestro cuerpo en forma de energía a través de la chacra coronaria y corre por toda nuestra espina dorsal tocando y despertando la memoria espiritual en la persona. La memoria que está localizada dentro de las células del cuerpo. El trabajo de nuestro Ángel Guardián es guiar y proteger, como también es darnos el deseo de recordar quienes somos poniendo ante nosotros las lecciones que vinimos aprender. Nuestro Ángel Guardián es el que tiene anotadas todas nuestras experiencias, lo cual indica que es a el a quien debemos de preguntar lo que deseamos saber. "Por lo tanto, lo que Dios unió, nunca podrá ser separado por el hombre". Este es el lazo que ningún hombre puede romper, este es el lazo que une. Lamentablemente, la unión entre nuestro Yo Soy superior y nuestra divinidad ha sido malinterpretada por siglos y cuando algo tan noble y tan importante como esto, es mal interpretado, todo cae bajo la misma categoría de la "confusión".

Como resultado, la humanidad vive en el perenne estado de confusión y al menos que nuestra percepción cambie, nuestras vidas continuaran siendo confusas sin lograr alcanzar la victoria que ya es nuestra por herencia de conciencia. Nuestro Ángel Guardián es nuestra verdadera esencia, nuestra pureza, gran nobleza y del emerge el conocimiento y la iluminación espiritual. Encuentre su verdad, conéctese a ella y aprenda a utilizar el poder que está a su alcance y nunca más tendrá que ir afuera de usted en busca de lo que ya es suyo.

Antes de reencarnar toda alma es llevada a las aulas donde aprenderá lo que necesita para su nueva encarnación. Nunca hemos venido sin estar preparados, pero los trastornos vienen al no despertar a nuestra realidad. Muchos ignoramos nuestra fuente, a decir verdad yo también hice lo mismo. Aparentemente yo no tome el curso básico, el cual es esencial para tener una buena relación con mi Ángel de la Guarda y el pobre tuvo que repetidas veces recordarme que yo estaba aquí para aprender no para perder el tiempo, razón por la cual el aprender y el crecer me costo tanto trabajo.

Para mí la vida siempre fue sencilla. Soy de la opinión que siguiendo mi propia naturaleza la lección se aprende mucho más fácil. De lo que no me percataba, era que a veces mis palabras y acciones fueron la causa de la misma discordia que deseaba prevenir. Con el tiempo aprendí a diferenciar entre la mente y el alma. Hoy se que mi vida es armoniosa porque se diferenciar y uso mis facultades espirituales más a menudo que lo hacia antes.

Se que he vivido muchas vidas y mi mayor deseo en esta

encarnación es comprender todo lo que necesito comprender, aprender todo lo que necesito aprender y poner en práctica toda la sabiduría a mi disposición para que esta sea mi última encarnación. Una de las razones por lo cual no deseo volver a vivir es porque extraño la paz en la región más allá de los truenos. Donde la energía del bien y del amor es el sol resplandeciente del amanecer. Soy afortuna al saber que el deseo de regresar al lugar que tanto extraño es la energía que me lleva a comprender que se puede terminar con la rueda de la reencarnación.

Como también se que he cometido innumerables errores y por saberlo es que me esfuerzo para subsanar la confusión con la cual viví. Estoy conciente que el trabajo hecho hasta el día de hoy tiene importancia, pero mi mayor recompensa será el día que mi labor continúe dando luz a todo el que la necesita o la busca, aunque ya no estuviera viva y sea sólo una memoria distante y paralela a mi realidad de hoy. Se que de no ser victoriosa en esta encarnación tendré que volver a nacer. Esto sólo me demostraría que la energía de mis errores es más poderosa que mi determinación de vencer sobre ellos. Conociendo cuales son mis intenciones se que la energía del bien puede más que todo desconcierto, toda incertidumbre, toda ignorancia y toda limitación, por lo tanto le dedico todos mis días al bien sabiendo que he de verlo y seré triunfante en mi cometido.

Rev. Rina A. González

El Contrato de las Almas

La Invitación

La alegría y la tristeza son polos opuestos de la misma energía. Por lo tanto sea el constate testigo de todo sentimiento y pensamiento.

Como comente anteriormente, aquí estaba yo, disfrutando de mi casa en un lugar lejano, cuando mi Ángel de la Guarda me fue a visitar y aunque sentí placer por verle, me hubiese gustado saber el motivo de su visita. Tanto me distraje que entre el ser buena anfitriona y el estar preocupada por su visita se me olvido salir a la terraza y presenciar el encuentro del Sol y la Luna ese atardecer.

Entiendo que lo que me entretuvo fueron sus palabras las cuales al brotar de sus labios suenan como campanas llenas de sabiduría. "El hombre al estar atrapado en el velo de la ignorancia por las creaciones de su mente queda preso de su creación y al no reconocer su fuerza pierde su poderío y valor, perdiendo la libertad del ser. En su constante reniego, el hombre olvida su brillantez y al quedar preso en su propia decepción es vulnerable y susceptible al fracaso".

¿Cómo puede el hombre recordar su brillantez cuando se cree desconectado de todo, hasta de su propia gracia? – pregunté. Él se sonrió en gesto de aprobación y ambos caminamos hacia la terraza donde comencé a regar las plantas recién sembradas, mientras él me observaba. Mire a los cielos y vi que se acercaba el amanecer. Fue entonces que me di cuenta de la gravedad de su visita. De repente escenas de mi última encarnación aparecieron delante de mí y pude ver mi labor y la mejoría que mi trabajo había proporcionado en tantas vidas. Sonríe al ver cuan fácil uno se engaña y cuan sencilla la vida puede ser cuando nos dejamos guiar. La vida se ve de distinto color cuando logramos salir del engaño de la mente, de no ser esto posible, la persona carece de la visión espiritual y es entonces cuando las acciones son imprudentes y carentes de toda virtud. Al comprender la importancia de mi regreso, fue cuando pude ver que entre ellas estaba el darle conclusión a la labor comenzada en vidas previas. Sentí una gran alegría al saber que sólo pueda dar lo que tengo para dar. También comprendí que para ayudar o enseñar es necesario aprender.

Me senté a su lado sabiendo que el momento de regresar había llegado y aún estando la mente en desacuerdo elegí volví a nacer. Él sonrío y me dijo: "la vida puede ser una experiencia agradable, tu tienes todo lo que necesitas para triunfar y puedes hacer todo lo que te proponogas. Recuerda, se fiel a lo que eres; se sencilla y natural".

Caminamos hasta la baranda y mirándonos a los ojos me dijo: "con el tiempo las dudas serán aclaradas y lo que hoy no entiendes será parte de tu conciencia. Tu deber es aprender y ser obediente a la llamada de espíritu. Mi labor es darte el deseo de aprender para lo que comenzó hace miles de años llegue a su fin y detener la rueda de la reencarnación. Recuerda que todo lo que aprendas es para compartir con los demás, por lo tanto escoge tener experiencias que te traigan momentos inolvidables".

La luz del amanecer ya se asomaba y el rocío comenzaba a caer. Fuimos hacia adentro cogidos de la mano, nuestros ojos se encontraron nuevamente y me preguntó: ¿deseas volver a vivir? Mirando sus ojos azules vi el amor que el tiene por mi, ambos sonreímos y finalmente mi boca se abrió para responder: 'No me gusta el dolor". Él volvió a sonreírse y abrasándome fuertemente me dijo: "entonces aprende a vivir sin confusión mental".

Sonreímos hasta convertirnos en una sola luz, la cual desapareció entre los primeros rayos del alba. Viajamos en la luz por un largo rato y supe que estábamos llegando a nuestro destino porque los rayos del sol eran menos brillantes, menos fuertes.

    Al saber que se aproximaba mi nueva aventura y que pronto tomaría un nuevo cuerpo pensé, "La vida es un juego, el cual tiene reglas y necesita aprenderse a jugar. No importa si gano o pierdo, lo que importa es jugar el juego, ya que la vida revela sus encantos a medida que se juega el juego. Voy en rumbo a una nueva vida y mi deseo es entender como tener buenas experiencias". Hasta el día de hoy, sigo jugando el juego de la vida y sé que he tenido momentos llenos de puros encantos.

El Contrato de las Almas

¡Esa cosa llamada vida!

¿Qué es esto que se mueve en mis adentros?
Es como si me llevará a sentir.
¿Lo que siento, es vida o será un sueño?
¿Puede haber libertad en el vivir?

He oído decir que la vida es capaz
De darnos alientos, quebrantos y penas.
Mas se que mi alma, como esencia inmortal
Es capaz de limpiar cualquier escena.

Volví a nacer para estar contrariada
O son los ecos que oigo del más allá,
De un lugar distante, de vidas previas…
¿O volví a nacer para aquilatar?

Me confundo al pensar cosas vanas,
Aún así los sonidos del ayer me dieron vida.
Para mí, la vida es fácil
Pero hay partes que son mezquinas.

Confieso que he visto el camino
Que me lleva hacia el bien.
Y cuando más ahondo en lo bueno
Más se alumbra mi ser.

Mientras la mente no quería que volviera
La bondad y el bien pudieron más.
Yo volví a nacer para el bien del mundo
Y para dar de mi alma su piedad.

Rev. Rina A. González

Aceptando la Invitación

*"Vine al mundo a dar consuelo al que necesita ser consolado
y a sacudir al que cree saberlo todo."*

Yo no sabía que aceptar una invitación podía ser tan doloroso, sin embargo, lo que causo mi alumbramiento fue el dolor del nacer. En un instante pase de estar en el calor del vientre de mi made al frío del ambiente medio, pase del silencio al bullicio, de la oscuridad a la claridad, de sentirme segura y cómoda a llorar incontrolablemente en los aires mientras un idiota me daba palmaditas en mis nalguitas. Así fue mi entrada al mundo y como tome mi primera respiración, temblando, gritando, y sollozando. Lo que no entiendo es por qué, si estaba viva, se me atormento para que hiciera lo que por lógica haría. ¡Sin duda alguna, este fue mi primer trauma!

¿Fue así bienvenida al mundo? ¿Me fueron dadas las gracias por haber escogido a mis padres como protectores y maestros? ¡No! Yo, como tantos en el planeta, no fuimos bienvenidos y ni me dio las gracias por aceptar ser parte de la humanidad. ¿Se imaginan la calidad de vida que esta acción hubiese proporcionado en la mi vida de tantos? El simple hecho de reconocer el alma hubiese sido lo suficiente como para proporcionar estabilidad y armonía en la vida de cada individuo.

Si usted es uno de los miles que no se les dio la bienvenida al nacer, tiene el derecho de hacerlo siguiendo estos pasos:

- Mirando al Este, llame a la Madre Gaia (GAYA), El Ángel Guardián del Planeta Tierra y pídale la bienvenida a la tierra.

- Dígale a la Madre Gaia que usted está dispuesto a aprender sus lecciones, pero que de ahora en adelante desea aprenderlas en alegría, en amor, en compasión, en luz, en salud, en sabiduría, en abundancia y en prosperidad.

Este ritual lo puede hacer toda persona con la siguiente observación. Si hay niños en la familia menores de 14 años, usted puede hacerlo por ellos. Del niño tener 14 años o más, el debe de hacerlo por el mismo, ya que 14 marca el derecho a este rito. Si opta por hacerlo al pasar los días ha de notar un cambio, tal como sentirse más ligero y darse cuenta que la vida es más fácil de entender. Cuando se percate de cualquier cambio, sonría y déle las gracias a la Madre Gaia y vuelva a dárselas cada vez que tenga otro cambio, lo cual a de ser bien a menudo.

Entre los eventos del día y mi última conversación con mi Ángel de la Guarda fue difícil comprender lo que hoy razono y lo que por años al no estar segura, dude. Por lo tanto, lo que sucedió entre nuestra última conversación y mi nacimiento fue un enigma para mí hasta que me dedique a descubrirlo. Tal vez yo no quería recordar cómo una chispa divina se somete a estar en un lugar apretado y húmedo, o cómo permitir que mis piernas perdieran su destreza al extremo de no poder usarlas correctamente por los primeros meses de mi nueva vida. Ya veo que mi deseo de no volver, no fue lo suficientemente convincente como para quedarme atrás. El no recordar que vine de mi propio acuerdo me causo grandes controversias e incertidumbre. Como todos ustedes, yo volví a nacer y fui testigo de mi nacimiento, como también fui testigo del dolor que el nacer causa tanto a la madre como a la criatura. Recuerdo que finalmente salí porque algo llamó mi atención, y al no poder ver lo que brillaba decidí ir en su busca de lo que era.

Oí voces, vi un túnel, y al final estaba algo que brillaba. La curiosidad me llevo a salir y fue cuando pude apreciar que las voces eran las enfermeras y el médico tratando de entender porque yo no nacía. La luz era tan brillante que me hipnotizó, para mi gran asombro la luz despareció en el mismo momento en que yo nací. ¿Cómo puede ser esto posible, acaso no soy yo la luz que vino al mundo? Entonces, ¿como puedo mi luz desaparecer?

Todos vemos una luz cuando nacemos y al morir volvemos a ver de nuevo esa luz. Al no saber que la luz que vemos es la luz de nuestra alma, creemos que es algo fuera de nosotros. Esta equivocación tiende a llevarnos a no aceptar nuestra divinidad. Desafortunadamente, el ignorar nuestra verdad nos lleva a aceptar las equivocaciones que obtenemos por medio de la percepción. Haciendo que nuestra divinidad sea algo difícil de lograr cuando ya es nuestra. "Si no me equivoco, el no saber quienes somos y cuanto brillamos, es la primera interpretación errónea que del ser humano".

Para colmo, no recordaba haber firmado el contrato, lo cual no implica que no lo firme. Mi incertidumbre me llevo a ser despistada y al equivocarme tanto. Comprendí que necesitaba ser más conciente. Cómo poder lograr lo deseado cuando mi vida se basaba en apagar fuegos; fuegos creados por mi propia confusión e incertidumbre.

Al observar esa etapa de mi vida, reconozco que al desear cambiar un aspecto en ella sin saber como hacerlo, fue una tarea tediosa, insensata e imposible. Aunque el camino fue duro, puedo decir que mi deseo de cambiar broto del mi alma e inevitablemente ella venció los obstáculos creados por la mente.

Me tomo tiempo lograr entender lo que mi Ángel de la Guarda me había dicho con respecto al dolor. ¿Cómo poder recordar cuando desde el principio el dolor fue mi experiencia? Hoy comprendo que el dolor es utilizado por almas como una energía para su desarrollo espiritual. Llegue a comprender que el no recordar haber aceptado la invitación, fue lo cual me llevo a entender que el que calla, otorga. Como es de suponer, por años otorgue, y esto me causo más problemas e incertidumbre. Por ser quien soy, no importaba si hablaba o si me callaba, la atracción a lo no deseado era tal que llegue a creer que yo era el dedo malo de la familia.

Fue al desarrollar mis facultades espirituales que me pude dar cuenta que entre ellas esta el poder de ver más allá de la envoltura o de la apariencia. De haberlas desarrollado a más temprana edad, me hubiese ahorrado muchas situaciones desagradables.

Finalmente llegue a comprender que cuando las energías no están afines causan discordia y controversia. Así también lo era la visita de algunos de los miembros de la familia de mi madre siendo castigada por decir lo que veía y sentía. La situación se puso tan tirante que optaron por no decirme que venia visita. A medida que fui creciendo cuando uno de ellos llegaba me castigaba yo misma, encerrándome en el cuarto y no salía hasta que ellos no se iban.

Cuando baje la guarda y permití que esos que no eran de mi agrado se me acercaran, fueron los mismos que me traicionaron, ofendieron y mintieron sobre mi persona cada vez que tuvieron una oportunidad, lo cual desafortunadamente por no tener miedo a decir lo que siento y veo, ocurrió a menudo.

Esto sólo indica que el niño, cualquiera que sea su edad, sabe lo que siente y los adultos deben dejar que los niños se expresen y sean leales a lo que ellos sienten. Hoy doy las gracias tanto a las muchas lecciones como a mis maravillosos maestros, ya que el mal comportamiento de unos y la mala energía de otros, fue lo que me llevo a tener conciencia. Deseo que sepan que les estoy eternamente agradecida.

El Contrato de las Almas

¡Se obediente a tu naturaleza!

De todos los recuerdos que tengo
Hay uno donde siempre estas junto a mí.
Recuerdo que tomabas mi mano en la tuya,
Mientras yo jugaba, bailaba, corría, lloraba.

Tengo que admitir que la vida fue fácil
Al buscar en cada momento su sutil encanto.
Y al pasar los días pude descubrir
Que volví para amar y para sentir.

Aún no sabiendo lo que vendría
Y sin comprender el porque de las cosas,
Tu sonrisa me daba el aliento a seguir
Y en tu tierno embelezo me echaba a dormir.

Mi alma añora estar junto a ti,
Tengo sed de estar de nuevo a tu lado.
Cuando busco encuentro tu mensaje en mí
El cual me fue dado cual bello rubí.

*"He sembrado en ti la luz del amor
La cual dará su fruto en la primavera.
El amor dará a tu alma las fuerzas
Para que la vida sea bella, tierna y buena.
Como el Ángel de tu Guarda
He seleccionado lo que has de aprender
Para irradicar todo incertidumbre.
Esto has de hacer si deseas alcanzar
La estrella que brilla en el pedestal."*

Rev. Rina A. González

Al mirar en asombro a todo lo que soy
En gratitud clamo tu noble presencia.
Desde el momento en que nací hasta el día de hoy,
Tú has estado de mi lado dándome tu luz.

Tal vez sólo los que sueñan pueden comprender
El poder de la niña y el de la mujer,
Cuando dí mi palabra de ser fiel
A la vida misma, como a ti también.

Se que sólo necesito preguntar
Sabiendo que la orientación pronto llega.
Se que eres mi guía en todo esplendor
Y a cambio tienes mi obediencia y todo mi amor.

Tú me amas, me escuchas, me cuidas.
Sabías que lo prometido sería cumplido.
Y para asegurarte enviaste tus ángeles
Que dieron su luz al oír mi clamo.

¿Dime, cuando regrese de donde partí,
He de recordar que vine a vivir
O sólo recordaré que desperté del sueño
Y logré ser feliz durante el evento?

Con tus tiernos ojos puestos en mí
Sería difícil no recordar
Que estuviste conmigo desde el comienzo,
Mientras yo jugaba, bailaba, corría, lloraba.

Mi consuelo es saber que tu estas ahí;
Mi labor es fácil, es obedecer.
El mandamiento decía,
"Se obediente a tu naturaleza".

El Contrato de las Almas

Y para mi gran asombro,
Mi naturaleza es amar la vida.
Vengo de tu esencia, eso es fácil de entender.
¡Y al tú ser mi esencia, tu naturaleza está en mí!

El Contrato de las Almas

¡Despertar!

Un espiral puede tener ondulaciones, como puede aumentar o desminuir. Mas toda luz a de responder al dictamen supremo.

Guatama Buda

Discernimiento y raciocinio dan iluminación. El verbo de toda acción es 'ser.' Genio es un 1% de inspiración y 99% de sudor. Lo cual indica que todo en la vida requiere trabajo, siempre y cuando deseemos tener buenos resultados.

Cada pensamiento, palabra y acción, sean conscientes o inconscientes, son la energía que nos traen manifestaciones. Todo lo que percibimos es información y dicha información es almacenará en nuestro subconsciente, mente y células del cuerpo. Toda información aceptada, sea esta correcta o incorrecta es almacenada. Luego sale y va al éter donde nuestra orden o mandato es puesta. Trayendo la buena fortuna o nuestro infortunio como manifestación.

Todo pensamiento, palabra y acción, hecha conscientemente trae buenos resultados, mientras que la inconciencia trae malos resultados. Ambos resultados provienen de la persona que pensó, habló y actúo. De ahora en adelante, sería prudente prestar atención a la energía subyacente detrás de cada pensamiento, palabra y acción que tenemos antes de que salga de nosotros, llegue al éter y nos traiga lo que no deseamos tener.

Corregir la forma de pensar, hablar y actuar no es difícil. Sin embargo, tengo que decirles que se requiere concentración, dedicación y persistencia de parte de la persona que dice desear cambiar los resultados en su vida. Revaluar sus pensamientos es el primer paso, ser conciente es el segundo. Estar presente en su vida es lo que le ha de llevar a su emancipación. Toda acción de discordia viene de estar inconsciente. Toda acción hecha alocadamente no solo es inconciente sino que puede ser comparado a ir a comprar efectos de inferior calidad sólo porque cuestan menos. Hay quien va de compras y aún no gustándole el lugar o la mercancía que hay en la tienda, lo compra de todas maneras y se lleva a su casa lo que dice no le gusta.

 Sea testigo de sus pensamientos, de lo que dice y de lo que hace, sabiendo que tendrá buenos resultados al estar conciente. Despertar o ser consciente le llevará a ver que usted es parte de la gran asamblea cósmica la cual dicta cómo vivir. Despertar, es alinearse al ritmo universal que hace que nos movamos constantemente a la resonancia cósmica, sabiendo que nuestra resonancia esta calibrada con todo lo que tiene vida. Aprenda a trabajar con sus dones espirituales y estos le llevaran a comprender que sin su energía, su atención, su permiso y su aceptación, *'no hay nada que pueda salir de usted o nunca ha de atraer nada opuesto a lo que usted puso en su orden o mandato'*.

 ¿Ha escuchado hablar o ha leído del trabajo de Miguel Ángelo di Lodovico Buonarroti Simoni? Este hombre demostró que se puede crear maravillas tan sólo dedicarse a la excelencia. Durante años Miguel Ángelo saco bellezas de un trozo de mármol produciendo obras maestras. Alegando que todo lo que él había hecho era revelar lo que estaba oculto en la piedra. El también fue pintor, arquitecto, poeta e ingeniero. La Capilla Sixtina fue una de sus obras más veneradas, El David y la Pietá de Roma fueron dos de las esculturas más apreciadas en el mundo. Lo que este hombre hizo hace tantos años atrás es notable hoy sencillamente porque el demostró su pasión por la vida y dio rienda suelta a lo que sentía, al extremo que aún podemos apreciar el gran amor que existe en su trabajo.

Ahora le llego a usted el momento de esculpir su obra maestra y como Miguel Ángelo. Usted va a tallar una versión más libre y más feliz de usted mismo. Trabajar en usted es el proceso que le ha de llevar a tener una mayor conciencia y esto le ha de ayudar a estar presente el lo que piensa, dice y hace. Algo que hasta hoy, pocas veces a podido experimentar. El despertar aclara los sentidos, la mente y permite que del corazón brote el eterno agradecimiento por estar vivo. La claridad mental lo llevará a ver las pequeñas cosas que pasaron desapercibas en su ausencia. Esas pequeñas cosas que le dan sabor a la vida, tales como ver que algo es interesante, gracioso, bello, intrigante y placentero.

Sienta su cuerpo y permita que lo que siente lo guíe; el sentir le ha de llevar a encontrar la raíz u origen de toda energía y podrá ver mucho más fácil lo que tiene que corregir o enmendar. Todos nuestros órganos tienen inteligencia divina y como tal, nuestro cuerpo tiene la capacidad de cambiar sea cual sea nuestra presente situación. El cuerpo almacena la memoria de todas sus experiencias. En cada célula se encuentran presentes los resultados de sus acciones conscientes o inconscientes. Si su salud no es buena, tome el tiempo para sanar sus imperfecciones sustituyendo miedo por amor, oscuridad por luz, tristeza por alegría, enfermedad por salud, escasez por abundancia e ignorancia por sabiduría.

La enfermedad no es más que la falta del fluido de la alegría o felicidad en nuestro cuerpo. La risa le lleva a relajarse. Toda enfermedad proviene de energía contaminada acumulada en el aura y Chacras (centros energéticos del cuerpo). Debería consultar con un sanador espiritual (holístico) para determinar la causa de la enfermedad, ya que el sanador puede remover los bloqueos energéticos y esto hace que el cuerpo recupere su salud mucho más rápido. Ponga su atención en lo que está haciendo. No haga múltiples tareas a la vez, nuestro cerebro sólo puede hacer una sola cosa, de hecho, si usted no esta presente en lo que esta haciendo, tampoco hay inteligencia divina presente en lo que hace. Muchos creen que el hacer varias cosas a la misma vez denota inteligencia, sin embargo, es en apresurar la vida cuando estas se convierten huecas, inestables e incomprensibles. Es ahí cuando las maravillas de la vida se nos escapan de entre nuestras propias manos. La vida está hecha de momentos pequeños los cuales deben de ser vividos en el momento en que están sucediendo, no antes ni después. Los momentos de la vida son preciosos y ninguno espera por nadie; más triste aún, el momento que ya paso, nunca ha de volver.

Piense cuantos momentos ha pasado desapercibido. Considere que hoy es el mañana del cual se preocupaba ayer y que lo único que tenemos para vivir es el presente momento, razón por lo cual, se le llama el regalo. Pida orientación de su Ángel de la Guarda y medite diariamente. Visite el santuario de su corazón a menudo y de las gracias por sus muchas bendiciones. Tómese el tiempo para respirar y respire correctamente. Si no sabe respirar como es debido, aprenda a hacerlo y comience a darle a su cuerpo el oxígeno que necesita para vivir una vida saludable. Tome clases de Yoga o de meditación, haga actividades que aumenten su respiración, ya que actividades como estas le ayudara a mejorar su estilo de vida. Esto le dará a su mente amplitud, salud y longevidad.

La siguiente es una técnica de respiración:

- Concéntrese en la punta de la nariz y a través de ambas fosas nasales, inhale lentamente y cuente hasta seis (6)
- Aguante la respiración y cuente hasta tres (3).
- Exhale con labios parcialmente abierta y cuente hasta seis (6). Ponga su atención en el ombligo.
- Al conteo de tres (3) inhale de nuevo.
- Repita el proceso de 10 a 15 veces.

El Contrato de las Almas

    Respirar es lo primero que hace toda criatura al nacer y ha de ser lo último que hagamos al morir. Por lo tanto, respire a menudo y hágalo correctamente. Llene su vida de alegría y sea la alegría que desea tener. Bendiga y será bendecido. Sea una inagotable fuente de alegría, inspire aquellos que están a su alrededor y siempre será feliz. Sonría, vaya de paseos alrededor de su barrio. Conozca a aquellos que están a 16 millas a su alrededor. Sepa que estas personas y negocios influyen su vida como usted los influye a ellos.

    Visite el mar, un lago, un parque y sea testigo del milagro de la creación. Agradezca haber venido desde tan lejos a vivir y viva su vida a plenitud. Reconozca que la energía del amor esta siempre con usted, la tiene en el corazón, en la mente y en el alma. Usted vino del amor universal y por lo tanto, usted es amor. ¿Cómo es entonces que si la energía del amor es cuanto tiene para dar, pueden sus frutos ser menos que amor?

¡La paz viene de un corazón lleno de amor y de gratitud!

Rev. Rina A. González

El Contrato de las Almas

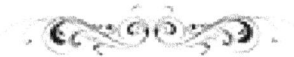

La vida es un baile: ¡Baila!

*Cuando tú oras, Dios está contigo.
Cuando oras de pies, Dios baila.
Y cuando oras y bailas, Dios y tú son uno.*
Sabiduría Hindú

Para que la vida sea armoniosa hay que estar en ritmo con las leyes universales, por consiguiente, tener ritmo es dar los pasos que nos han de proporcionar la vida que deseamos tener. Si le gusta el baile entonces sabe que bailar es mover el cuerpo al ritmo de una música mientras que somos guiados o guiamos al compañero. Bailar al ritmo de la música es permitir que la música que tenemos dentro fluya.

Cuando la vida se vive en desproporción, no tenemos ritmo y la ausencia del ritmo o equilibrio causa inestabilidad y desconcierto en todo lo que pensamos, decimos y hacemos. Esto nos dificulta el poder ser armonioso y la desarmonía retraza los bienes que ya son nuestros, comúnmente conocidos por bendiciones. Al bailar como al vivir, necesitamos tener buen equilibrio, ya que de este faltar, en el baile o nuestras vidas, carecerían de toda armonía. El no estar ubicados en nuestro centro de poder, nuestros mismos poderes espirituales, serían usados incorrectamente, ocasionando muchos de nuestros trastornos.

Cuando se está en ritmo con nuestra naturaleza, somos genuinamente gentiles, generosos, agraciados, originales y como consecuencia la vida nos favorecerá. Sin embargo al faltamos este entendimiento, carecemos de las bendiciones que el ser armonioso nos puede suministrar. Si su vida no es armoniosa, entonces su deber es cambiar lo que está haciendo mal e implementar los pensamientos, las palabras y las acciones que le han de traer la vida que usted desea tener. Dar y recibir es lo mismo que obedecer y escuchar. A continuación he puesto algunos de los significados de la palabra obedecer:

- Seguir
- Cumplir
- Actuar
- Observar
- Acatar
- Ajustar

De más esta decirles que todo lo que hacemos por primera vez nos parece difícil y a medida que comenzamos a estudiar la materia, es esta asimilada. Pocos entienden que al poner nuestra atención en lo que estamos haciendo, la semilla de la iluminación despierta y la luz de la comprensión nos permiten comprender la materia. Aprendemos a razonar y a evolucionar usando nuestros dones espirituales. Todo lo que aprendemos ocurre cuando concientemente usamos la luz (iluminación) del alma. Buscar y hallar el ritmo universal dentro de uno mismo, es igual a encontrar el centro en donde todo nace, florece y prospera; es estar en ritmo con todo lo que tiene vida.

Cuando tenemos delante de nosotros algo nuevo, al no entender, inevitablemente buscamos ayuda. Por lo regular llamamos a un amigo o compañero que esté familiarizado con la materia que estamos estudiando. En espíritu, se hace lo mismo, excepto que a quien le pedimos ayuda es a nuestro ser superior, nuestra presencia del YO SOY, nuestro Ángel de la Guarda. Lo mejor de todo es que aún no sabiendo que lo hacemos, es lo que constantemente ocurre, sin embargo, al hablar bajito con nosotros mismos creemos que al obtener la respuesta es una 'casualidad'. Hay hasta quien piensa que es un verdadero genio.

En todo momento estamos en contacto con nuestra fuente, hablemos bajito u oremos concientemente. Lo que si les puedo decir es que si oran concientemente las bendiciones llegan más rápido. Estas son apreciadas y comprendidas mucho más que cuando lo hacemos inconcientemente. Estar conciente de a quien le estamos pidiendo la ayuda que necesitamos nos ha de permitir disfrutar de nuestras bendiciones sabiendo que son una de las tantas maravillas que nuestro Ángel de la Guarda hace por nosotros. Dicho sea de paso, todo ser humano tiene el potencial de ser genio, sólo tenemos que esforzarnos para serlo.

Contactar lo que no vemos o desconocemos, aún estando a nuestro alrededor, es fácil. La dificultad esta en no creer que existe o tener duda de que podemos hacerlo. Imagínese la calidad de vida que usted tendría si opta por contactar concientemente a su Ángel de la Guarda y dejarse llevar por el compás de su corazón.

Ser guiado por nuestro Ángel de la Guarda se percibe por nuestros sentidos y estos son:

- Tacto (Contacto),
- Olor,
- Vista,
- Audio,
- Clarividencia (vista espiritual), y
- Equilibrio (armonio, ritmo).

Es a través de los sentidos que el Ángel de la Guarda en espíritu nos contacta y con su desarrollo es que nuestros sentidos espirituales se agudizan y aumentan. El darse permiso a sentir o aquilatar lo que sentimos, nos lleva a experimentar una vida fructífera y sana.

A menudo me preguntan: ¿cómo se que la voz que oigo viene de espíritu? La respuesta es sencilla. La voz de espíritu es fácil de reconocer, sin embargo, debido al constate ruido del ego, pasa desapercibida ante un oído inexperto. La voz del ego es bulliciosa, militante, aferrada y grosera. El ego no tiene vergüenza, no tiene freno, es indisciplinado; es capaz de llevar a la persona por mal camino.

La voz de espíritu es comparable al aire fresco, el cual al sentirse es reconocido como una caricia. ¿Nunca ha oído decir que reconocemos que algo es bello porque vemos su belleza? Lo mismo sucede cuando escuchamos la voz de espíritu. Inmediatamente sabemos que su mensaje es la belleza que deseamos obtener y la hermosura que debemos de abrazar. Cuando escuchamos un mensaje de espíritu se debe de dar las gracias, no sólo por haber sido dado el mensaje, sino porque finalmente escucho y tomo acción. En metafísica, se suele decir que cuando escuchamos y obedecemos el mensaje de espíritu, el mismo acto de escuchar y obedecer nos hace sabio.

Confíe en lo que es verdad en su corazón, en su alma y en todo su ser. Yo soy la primera que nunca haría nada que no siento bueno dentro de mí. De igual manera nunca pediría a alguien que haga lo que va en contra de su naturaleza. Confíe en lo que siente, confíe en su esencia, confíe en lo que esta dentro de usted. Confíe en lo que usted es, sabiendo que sólo ha de tener buenos resultados. Nunca deje de aprender algo de valor todos los días y aprenda de lo bello, hermoso, y bueno que está a su alrededor. Recuerde que pedir ayuda de su Ángel Guardián es una de sus muchas bendiciones.

Ahora que sabe la importancia de tener ritmo en su vida, ¿por qué no baila? Tenga en mente que al obedecer la llamada de espíritu la vida le traerá mayores recompensas; y al honrar su naturaleza ha de encontrar el Reino de los Cielos dentro de su ámbito terrenal.

El Contrato de las Almas

¡El no aceptar algo por lo que en realidad es, solo trae malas consecuencias!

"El que niega una casta está formando otra casta. El que niega una religión está formando otra religión. Incluso quienes saben mucho, al tener prejuicio en contra de lo que no entiende, al hablar en contra de 'algo' nuevo o diferente, son tan ignorantes como los que critican. Este comportamiento sólo nos debilita."

Santhya Sai Baba

Todos hablamos de cambio, no obstante rara vez sabemos lo que hay que cambiar. He encontrado que a quien único puedo cambiar es a mi misma y lo que haga otra persona es asunto de sí mismo. Debemos aceptar que nuestras expectativas y exigencias con respecto a nuestros semejantes es lo que hay que cambiar; esto es lo que nos lleva a crear más confusión y quebranto en nuestras vidas. El no aceptar a una persona, lugar o cosa por lo que **_es_** y por lo que hace, solo denota un mayor grado de ignorancia, intolerancia y soberbia de nuestra parte. Sepa que esto crea desajustes en el cuerpo, endurece las arterias del corazón y como consecuencia, destruye la creatividad del individuo.

Las personas que sufren de intolerancias son llevadas a actuar por la energía subyacente (detrás de su punto de vista) y dicha energía es una mezcla de miedo a lo desconocido, culpa y vergüenza personal. Tener una visión pequeña de sí mismo no sólo es irracional, sino que es perjudicial y puede trae malas consecuencias. Más importante aún, después de décadas de ser inflexible, cambiar este punto de vista se hace difícil, incluso puede llegar a ser una hazaña imposible de lograr.

El ser humano necesita entender que lo que el otro hace perfecto para el, haga o deje de hacer, nunca a sido ni será asunto suyo. Bastante tenemos con nuestras vidas como para tener tiempo de mirar lo que el ajeno hace o deja de hacer. Diría que el andar de entrometido donde no nos llaman es lo que nos trae conflictos y tragedias.

Si sus pensamientos no son armoniosos, si en sus palabras no vibran al compás de la paz, si sus acciones carecen de disciplina y de compasión, cómo cree usted que puede decirle a un hermano es espíritu que esta equivocado o que su forma de hacer las cosas es la mejor, cuando usted no se ha dignado a corregir su vida. Peor aún, cómo espera atraer algo mejor a lo que hoy tiene cuando su propia inarmonía, falta de amor e intolerancia sólo puede traerle malas consecuencias. Si su estado mental es confuso, nada bueno ha de atraer por lo tanto nada bueno recibirá. ¿No se da cuenta que en vez de preocuparse por lo que hace el ajeno, su única ocupación debe de ser la de corregir su vida?

Cuando usted ve todos a su alrededor como imperfectos, es porque usted se considera imperfecto y por ende, siempre ha de encontrar faltas o defectos en los demás. Lo único que logra haciendo esto es empañar el lente de su percepción. Recuerde que si su lente no es corregido sus pensamientos equívocos lo llevarán a ver que usted tenía la razón en asumir que todos a su alredor son tan imperfectos como usted.

Ahora, imagine lo aburrida que la vida fuese si todos pensáramos igual a usted, y que debido a nuestra igualdad todos tuviésemos el mismo color de piel, de cabellos, de ojos, y hasta tuviéramos la misma nariz, la misma altura y el mismo peso. Luego imagine que debido a nuestra semejanza, la conversación sería obsoleta, ya que si todos pensamos igual las conversaciones fueran bien aburridas. ¿Puede oír el desconcertante silencio que nuestra igualdad crearía?

Vayamos un sólo paso más, e imaginemos que todos vestimos igual, todos tenemos los mismos coches e incluso tenemos el mismo estilo de vida y hasta la misma profesión. ¿Se imagina el impacto que nuestras semejanzas tendría en la economía mundial? Debido al impacto de este punto de vista, la vida sería aburrida y estoy segura que nadie tendría la voluntad, el propósito o el deseo de aspirar hacer nada distinto o diferente. ¿Para qué soñar o desear tener una vida mejor? ¿Para qué tratar de construir un mundo mejor y para quién?

¿Pudiéramos llamarle a esto vida? ¡NO, Creo que NO! En nuestra arrogancia, ignorancia y poca visión, criticamos a aquellos que son diferentes a nosotros sin darnos cuenta que si pudiéramos cambiarlos, nuestra semejanza causaría que el mundo se detuviera repentinamente. No percibimos que el pensar que los demás son diferentes a nosotros y desear que ellos sean como nosotros indica que nos creemos superior a ellos, sin embargo, esto no es verdad.

Si esta es su forma de pensar, entonces hágase esta pregunta; ¿quién se murió y lo corono rey? Sepa que las personas que piensan de esta forma son fanáticas y al ser reacios al cambio, sus acciones son reaccionarias, vulgares e indisciplinadas. Estos individuos no permiten que nadie alrededor de ellos mejore su vida. Por lo regular sus vidas están vacías y carentes de algún vestigio de decoro o civismo. Si ha entendido lo que aquí he expuesto, entonces contéstese estas preguntas.

1. Si todos tuviéramos el mismo punto de vista que usted, ¿de quién aprenderíamos?
2. Si todos los habitantes del mundo fuéramos iguales, ¿quién nos ha de enseñar las valiosas lecciones que son la compasión, la adaptabilidad y la de valorar nuestras diferencias?

No olvidemos que no hay nada más estimulante que tener un buen debate entre personas con distintos puntos de vista. Usted se sorprendería cuánto se puede aprender escuchando un punto de vista opuesto al suyo. Quizás lo que nos falta por entender es que lo único que hemos tenido y continuaremos teniendo son relaciones los unos con los otros. Al tener relaciones aprendemos a tener intimidad con nosotros mismos, al tener intimidad aprendemos a ser flexible y al ser flexibles es que logramos elevar nuestra rata vibratoria. Es de esa manera que podemos dejar de ser un ser irracional y convertirnos en un individuo con raciocinio.

Espiritualmente todos somos uno y nuestra alma es perfecta. Nuestra imperfección viene de no saber que al poner nuestros dones espirituales a trabajar en nuestras vidas, la vida cambia. Hay que recordar que es nuestro deber activar la verdad y la fuerza utilizándolas en todo momento correctamente.

La luz del alma brilla más cuando se le permite que su perfección se una a nuestra humanidad. Hasta que esto se comprenda y concientemente trabajemos para lograrlo, seguiremos demostrando nuestra incapacidad de asimilar nuestra herencia. Ser seres perfectos implica que nuestra humanidad refleja la perfección del alma, no lo contrario.

En la actualidad, la humanidad esta tratando de aprender a dejar de matarse los unos a los otros. El Planeta Tierra ha sido testigo de todos los conflictos que el hombre ha tenido y carga en su tierra, mares, ríos, montañas y praderas, la energía de nuestra discordia, avaricia y egoísmo. Guerra tras guerra el hombre ha matado por creerse tener el derecho a reclamar lo que no es de el, cosas tales como parcelas de tierra o petróleo en suelo ajeno. Todo ser humano dice desear paz, pero como poder tenerla cuando la ignorancia del hombre lo lleva a perseguir lo que no es de el. Es el colmo justificar sus acciones alegando tener el derecho que nunca ha tenido y jamás tendrá.

Nadie ha sido dueño de nada material y nunca lo será. La solución a nuestro dilema se encuentra dentro de cada individuo. Los problemas del hombre han sido creados por el hombre y como tal, es el deber de cada individuo cambiar su forma de pensar para permitir que el cambio que se avecina sea parte de una nueva experiencia. Hasta que no evolucionemos, y con nuestro gesto traigamos armonía a nuestras vidas, seguimos demostrando ser hijos de un Dios miserable y mesquino.

No es razonable ni inteligente vivir una vida de escasez, y más absurdo es desear una vida mejor sin trabajar para obtenerla. No hay mejor experiencia que desear mejorar la vida, y no hay recompensa mayor que el ver su deseo convertirse en una realidad, sabiendo que se lo debe a su esfuerzo personal. Pensar que usted es merecedor de tener una buena vida sin cambiar nada en su ella es absurdo y por lo tanto, es ridículo y ofensivo. Cuando su vida demuestra imperfección y usted no hace nada por cambiar o mejorar, su falta de amor por la vida sólo demuestra que su estado mental es confuso y limitado.

Si la mayoría de nosotros ya estuviéramos manifestando perfección, la energía de nuestra perfección fuera lo suficiente como para irradicar todo conflicto o guerra sobre la faz de la tierra. Si nuestro grado de perfección en el plano físico fuera elevado, entonces no tendríamos que aprender nada nuevo, de igual manera no habría la necesidad de cambiar nada. Esto significaría que nuestras acciones fueran amorosas, alegres, llenas de paz, de armonía, de salud y de prosperidad. Aún más importante, nuestra perfección llenaría al Planeta Tierra de nuestra bondad y compasión; la perfección del 'ser' fuera lo único que habría en nuestras vidas y en nuestro amado planeta. Como consecuencia de 'ser' perfectos nuestros pensamientos, palabras y acciones crearían milagros en lugar de catástrofe tras catástrofe.

Tenemos que ser honestos con nosotros mismos y ver que nuestro presente estado no refleja la perfección del alma. Si duda que esto pueda ser verdad, mire lo que nuestra codicia, falta de amor y falta de compasión nos ha traído.

Nosotros, todos los seres humanos que habitamos el Planeta Tierra, nos comprometimos a amarla y protegerla cuando firmamos nuestro contrato con el alma, lo cual implica que tenemos que aprender a vivir en paz y en mancomunidad o de otra manera pereceremos.

El no hacerlo es igual a no amarse a sí mismo o no importarle las consecuencias que nuestros actos impunes, fríos, ignorantes e indolentes causan. A veces me pregunto si las personas que usan tácticas de miedo y de limitación no lo hacen con el fin de mantener las cosas como son, no por no desear cambiar, sino por miedo a lo desconocido.

Hoy es el mañana del cual tanto se preocupaba ayer y de no cambiar seguirá teniendo los mismos resultados. En la actualidad, el mundo pide igualdad. La igualdad que pide no es estancamiento o limitación, es igualdad de trato social en todo y para todos.

Los egipcios se hacían estas preguntas antes de morir:

1. ¿Tuve alegría en mi vida?

2. ¿Di alegría a los demás?

¿Cuál ha de ser su legado? ¿Cómo será usted recordado? ¿Por seguir haciendo lo mismo que hasta ahora o por ser parte del movimiento que ya esta llegando a la tierra? Recuerde que nuestros hijos siguen nuestros pasos, después de todo, ellos son los herederos de nuestro mundo. Por lo tanto, es nuestra responsabilidad asegurarnos de que el mundo que les dejamos ha de estar lleno de paz, de amor y de infinitas posibilidades. Que nuestro legado a nuestros hijos sea el amor. Dejémosles un mundo donde la unión es lo que se valora y donde no exista diferencia alguna en trato o beneficios sociales.

Mi deseo es que la raza humana opte por amar y que nuestra determinación de amar nos lleve a honrar nuestro contrato espiritual. Se que de atrevernos a cambiar el rumbo de nuestro destino, permitiendo que las energías de la paz, el amor, y la comprensión estén presente en todo lo que pensamos, decimos y hacemos, el cambio de que les hablo llegará a ser nuestra realidad.

Elijamos de una vez y por todas vivir en paz, erradiquemos el odio y el prejuicios de nuestro vocabulario, pero más importante aún, erradiquémoslo de nuestra conciencia, corazones y mentes. ¡Aprendamos a vivir nuestras vidas en paz, permitiendo que la luz de nuestras almas sea la luz que nos guíe!

Rev. Rina A. González

*"El Sol siendo el Sol tiene sus manchas.
Los agradecidos ven su luz, los mal agradecidos ven sus manchas."*

Pancho Villas

El Contrato de las Almas

"Volver A Vivir"
Soneto para Jesús

Me inclino ante ti en reverencia
Recordando los bienes perdidos.
Dando gracias por mil de mis penas
Y por mil de milagros vividos.

Me derrumbo ante tu imagen santa,
Hoy presente en mi alma que alivias.
El amor que yo siento a diario
No es mayor que el que se tu me brindas.

Pedía me mostrases el camino
Cuando de niña solía hablar contigo.
Ya se cual es Señor, me lo has mostrado
Y de rosas hoy se cubre lo vivido.

Con flores alegres
Que a los tríllos vienen a dar de su hermosura,
Veo en ellas tu estampa gravada
Y en esta mi alma que tu siempre alumbras.

Fecuna relación esta la nuestra,
Como sacro pacto, me has enseñado a querer,
No ya con propósito sabio,
Sino, por el mero hecho de ser.

Has dado vigor a mi cuerpo
Me has pedido doblar la tarea,
A triunfar encomiendas mis pasos
Sin yo ser quien lleve las riendas.

Rev. Rina A. González

Cuando en dudas reclamo bajito
Tú me pides que ruegue en voz alta.
Y al oír esa suplica rió,
Pues comprendo y oigo tu canto.

Cuando el miedo me enseña su rostro,
Llamo, y se acudes al clamo.
Con tus soplos de aires invictos
Me devuelves la tierna postura
De dar paz, al echarme tu manto.

La corana que llevas prendida
Como digno rey de los cielos
Me ha mostrado, que fue tierno hechizo
Que tu cetro el verdugo te diera.

Te conozco y se que existes,
Pues te he visto en las flores que duermen.
Al abrir ellas sus tiernos pétalos
Solo aroma veo que emerge.

Se me conoces a mí.
Y grandes empresas tienes
Para esta, que hoy sólo comenta,
Cuan grato es el amar al que se mi alma alienta.

Nobleza celestial, hoy me conmuevo
Al ver tan lindo al sol desde tu altura.
Jovial silueta altiva yo te canto
Por haber dado al mundo tú figura.

Por haber dado la madreselva que baña
Con su néctar el ocaso de un ayer.
Por haberme dado tu amor tierno,
Y saberme comprender.

El Contrato de las Almas

Gracias quiero darte
Por haber puesto en mi tus dulces ojos,
Al tener esperanza en lo soñado
Por quien derrocha un mundo y su despojo.

Pues, si para conocer como se eres,
Tuviese que volver a caminar angosto trillo,
Orgullosa volviese atrás mis pasos
A vivir de nuevo lo vivido.

Sabiendo, que al final de la jornada
Presente, en cada página ya escrita,
Estarás tú, dando a mi alma fuerzas.
Al palpitar constante; donde habitas.

Rev. Rina A. González

"Usted es parte de la Creación Divina. Esto, no sólo es su herencia, es su inevitable verdad."

Rev. Rina A. González

El Contrato de las Almas

Las clausuras del contrato

Para hacer todo fácil de entender, podemos abreviar las cuatro cualidades ilimitadas del ser en solo una frase, "tenga un corazón generoso". Vigile sus pensamientos y sentimientos y esfuércese por tener un corazón generoso en toda circunstancia.

Patrul Rinpoche

Esta parte del libro habla de las clausuras del contrato de las almas y la función de cada una de ellas. Sepa que a medida que usted estudia la materia su memoria espiritual despertará y la sabiduría lo llevara por el camino del triunfo. Disfrute todo paso y el proceso que le traerá su nueva vida. No tenga expectativas de nada y no se ate a ninguna experiencia ya que al pasar de los días esto también ha de cambiar. Recuerde que usted está evolucionando y hasta que no termine no debe de reclamar nada o llamar su experiencia permanente. Cada experiencia es parte del despertar; cada una le deja ver algo nuevo en usted y todas forman parte de la totalidad.

Sepa que nada en este libro es nuevo, lo que les ofrezco es tan viejo y sabio como lo es el universo. Como tampoco puedo decir que hemos de dejar de pensar o de hablar o de actuar, ya que esto es parte de quienes somos. Lo que si vamos aprender hacer es el como cambiar la intención de lo que pensamos, hablamos y actuamos. Lo único que necesitamos para lograr nuestro objetivo es estar conciente de nuestras viejas costumbres; la energía subyacente que nos lleva a pensar, hablar y actuar equivocadamente.

Recuerde que el "sobre analizar paraliza" y detiene el curso de los pasos que nos llevan al progreso y adelanto. El mucho pensar y el mal pensar nos han traído los resultados que hoy deseamos cambiar. No permitan que sus viejos hábitos le dominen, ya que terminará quedándose en el mismo lugar.

Haga su trabajo con fe y amor, y poco a poco vera que su determinación le estará sacando de la confusión creada por la ignorancia y la limitación.

Los siguientes ingredientes pueden serle útiles:

UNA TAZA DE: REALMENTE QUIERO CAMBIAR.
UNA TAZA DE: BUENA DISPOSICIÓN.
Y DOS TAZAS DE: ME COMPROMETO CON MI VIDA.

Añada los ingredientes en un recipiente de cristal, mézclelos con una cuchara de madera y comience a jugar el juego de la vida sabiendo que usted es merecedor de ser triunfante. Llegará a ver que pedir orientación a su Ángel Guardián se convierte en una rutina y los mensajes se entienden mejor. Haga toda labor con amor, ya que la energía del amor guarda el secreto del momento. Como todo, mientras más tiempo dedique a su vida y a entenderla, más rápido vera los resultados que desea obtener. No complique las cosas, permita que todo fluya naturalmente. Sea dedicado y constante a su labor y verá que el cambio que desea llegará inevitablemente.

Permita que su espíritu se eleve a nuevas dimensiones, use su imaginación y véase volando bien alto. Despeje su mente y deje ir toda limitación. Véase envuelto en la luz del renacer, sabiendo que desde ese momento en adelante, sus manifestaciones han de estar colmadas de dicha y plenitud.

Recuerde que toda obstrucción impide el razonamiento y limita todo crecimiento. Si existen obstrucciones, envíele luz desde su centro de amor, sabiduría y poder; el corazón. La luz elimina toda obstrucción. Recuerde que usted es la luz que vino al mundo; use su luz frecuentemente y sólo para hacer el bien. Utilice sus poderes espirituales amorosamente, sabiendo que mientras más los use, más fuerzas han de coger.

Tenga paz en su vida y de su paz a los demás. Sea la paz

que desea tener, ame todo lo que tiene vida. Mírese como el alma que vino a explorar la vida y permítase ir más lejos que ayer. Ponga su vista en la estrellas y verá que todos sus sueños pronto serán su realidad.

Permítame ser la primera en felicitarlo, no sólo por desear alcanzar su iluminación, sino por su maestría y esplendor. Siga trabajando en su obra maestra y sepa que lo mejor aún esta por llegar.

Inspiraciones

1. Nada en exceso pude dar felicidad o alegría. Para experimentar la verdadera felicidad conózcase primero y todo lo demás vendrá por añadidura.

2. No desperdicie su preciosa energía en cosas pequeñas. Concentre su potencial en lo que desea tener sabiendo que sus sueños ya son una realidad.

3. En nuestro universo, el error no existe.

4. El despertar de las masas ha de llegar con el despertar de cada individuo.

5. Viva la vida ordinaria de una manera no ordinaria.

6. Haga la tarea por amor a la tarea. Este es el secreto que le ha de llevar a experimentar el verdadero momento, el presente.

7. Cuando vemos la posibilidad de manifestar nuestros sueños, es cuando la vida se convierte interesante.

8. Para mí, la vida es sencilla y el universo esta lleno de amor y de misericordia.

El Contrato de las Almas

Jugando el juego de la vida

"Yo soy la resurrección y la vida".

Jesús/Sananda

El juego de la vida comienza el momento en que nacemos y nuestras experiencias surgen al tener relaciones con todo aquello que nos rodea. Estamos relacionados a todo y tenemos relación con todo, incluso con el dinero. ¿Nunca se ha detenido a pensar que las personas que carecen de dinero son las que más desean tenerlo? Yo diría que el constante desear de lo que carecen es lo que impide el poder disfrutar de las riquezas y las opulencias que la vida ofrece. Observe su relación con la creación divina. ¿Es esta ecuánime, agradable, aceptante y armoniosa, o todo lo contrario? Según sea su relación con usted mismo y con todo lo que tiene vida, así es ha de ser su relación con el dinero.

Las relaciones con lo que nos rodea siempre deben de ser afines con nuestro estado mental y emocional. Todo lo que llega a nosotros es creado por nosotros mismos. Nuestras creaciones no son más que pensamientos o deseos que se manifiestan atrayendo lo pensado o deseado. Si estos pensamientos al salir de nosotros no fueron calificados y dejamos escapar energía negativa, así han de ser sus manifestaciones.

La relación más íntima es la que tenemos con nuestra pareja. La relación más difícil es la que tenemos con nuestros hijos. Y la relación más tierna es la que podemos llegar a tener con nuestros padres luego que aceptamos que ellos todo lo que hacían era seguir nuestras instrucciones. Instrucciones que fueran previamente pactadas al firmar nuestro contrato espiritual.

Supongamos que hace un tiempo para acá usted esta teniendo dificultad con su compañero. Últimamente siente que la energía ha cambiado y nada que usted hace mejora el estado de ánimo de su pareja. Pregúntese: ¿quien le hizo a usted responsable de la felicidad de su pareja? El pensar que usted es responsable por la felicidad de otra persona puede ser la causa del problema. Al tratar de entender lo que le sucede a el o a ella, sólo equivale a perder tiempo y energía, la cual puede utilizar en ocuparse de lo que esta mal en usted. ¿Nunca ha pensado que quizás lo que tiene que cambiar es su percepción?

Cada vez que su atención esta puesta en lo que no deseamos experimentar terminamos por atraerlo. El pensar que su pareja esta triste o que usted debe de contentarlo es igual a no darse cuenta que el o ella es la persona adecuada a saber lo que le sucede. ¿Alguna vez ha pensado que es mejor preguntar que asumir? Su pareja es responsable de sus sentimientos, pensamientos, palabras y acciones, como usted es responsable por lo que usted piensa, dice y hace. Usted nunca ha sido, ni nunca será responsable por nadie excepto por su propio comportamiento. Como tampoco será usted responsable por lo que otros dicen o hacen. Sin embargo, usted si es responsable por lo que percibe cuando otros hablan o actúan. Gastar tiempo en pensar que algo le esta sucediendo a su pareja, es señal de que quien necesita ayuda es usted. Energía contaminada puede ser lo que está influenciando negativamente la relación. Si en su casa no hay armonía, existe la posibilidad de que las energías de la casa estén contaminadas y esto sea la causa del disturbio. Toda contaminación altera los resultados de nuestros pensamientos, sentimientos y percepción.

Por otra parte, sus hijos dejarán de ser su responsabilidad en el momento que ellos demuestran tener la capacidad de tener una vida por ellos mismos. Usted puede guiar a sus hijos, puede indicarles el camino a seguir, entendiendo que ellos han de escoger su propio camino y usted tendrá que aceptarlo. En cuanto a creer que sus hijos deben de escuchar sus consejos, la respuesta es obvia, su lugar como padre o madre, es dar el consejo. Esto de ninguna manera implica que sus hijos tienen que hacer lo que usted les sugiere. El deber de todo padre es guiar a su hijo y tener confianza en sus decisiones.

Siempre han de surgir situaciones desagradables; sin embargo estas pueden ser herramientas para aprender a solucionar otras cosas en el futuro. No todos lo que sucede en la vida es malo, pero hay momentos donde de lo malo podemos sacar cosas buenas. Si sus energías están equilibradas, **no existirá cosa alguna** que pueda sacarlo de su centro o pueda crear desajustes en usted o en su vida privada.

La energía es todo lo que existe; y todo es energía, como tal, su casa tiene los rasgos característicos de las personas y animales que la habitan. Cuando alguien en su hogar esta desequilibrado, sus energías están contaminadas y esto afecta a todos a su alrededor. De manera que todos reaccionan a la energía contaminada sin saber el por qué lo hacen. Inconcientemente, todos pagan las consecuencias del desajuste. Si cree que esto pudiera estar ocurriendo en su casa, entonces le sugiero que busque un practicante que sepa quitar los bloqueos energéticos tanto en las personas, como en las casas y negocio.

También sirve de ayuda el ser organizado. Cualquier cosa que este roto, especialmente cristales, plomería o efectos eléctricos deben de trabajar perfectamente, de no ser así, remplácelos o arréglelos. Si sus finanzas están en desorden, cree un presupuesto y no salga de el bajo ninguna circunstancia. Ponga su atención en la abundancia y no en la aparente escasees. Cuando usted pone su atención o energía en la aparente escasees, escasees será su manifestación.

Se cuan importante es la vida, como se cuan preciosos somos todas las almas que estamos teniendo una experiencia física en el Planeta Tierra, por lo tanto les pido que aprendan a valorarse y ámense mucho. Ámense tanto y de tal manera que nunca vuelvan a necesitar a nadie que les llene el vacío que el no amarse produce. Sé que hemos venido preparados para triunfar, también se que nuestro deber es encontrar nuestro camino. Ningún evento es mejor o peor que otro, ya que cada uno de nosotros tiene el poder de cambiar toda circunstancia.

Tener *Buena Suerte y Buena Fortuna* no es más que escuchar lo bueno dentro de nosotros y una vez entendido, atreverse a compartir su bien con otros. Si usted ya hace esto, entonces usted es una persona de buena suerte y es muy afortuno.

Emancipación es comparable a lo místico y sacro que hay dentro de cada uno de nosotros. Es entender quienes somos y cuan grande es nuestro poderío, es entender el dinamismo que nos guía a nuestra libertad. "Pida y se le dará, busque y encontrará, toque y se le abrirá. Porque quien pide, recibe; quien busca, encuentra, y el que toca, se le abre".

Aprendan a utilizar estas sabias palabras y verán que todo lo que necesita llegará a su debido momento, sin tener que preocuparse por nada nunca más.

El Contrato de las Almas

Viaje a lo desconocido

Para mí, la vida es sencilla y el universo esta lleno de amor y de misericordia.

Al escribir trato de hacerlo de una forma sencilla, ya que la vida sin ser complicada, hemos logrado hacerla así. Al escribir deseo dar palabras sencillas para que ustedes lleguen a valora la vida y sus riquezas sin remilgos ni complicaciones. Como maestra espiritual y practicante de la metafísica, vivo lo que escribo y enseño lo que vivo. Metafísica no es una religión, por lo tanto no dicta, no impone, no limita. Pudiéramos decir que la metafísica es una manera distinta de vivir la vida la cual se elige, se practica y se vive diariamente.

Si esta es la primera vez que usted escucha hablar de metafísica o es el primer libro que lee sobre el tema, sepa que usted ya ha tenido de seis a siete encarnaciones previas.

Aprender cualquier lección puede ser fácil si usamos las energías de la felicidad, del gozo y del entusiasmo, ya que estás nos llevan a relajarnos y traerá la luz del entendimiento a nosotros con gran facilidad. La preocupación no deja que la persona entienda la materia; por el contrario, al relajarse, asimila, aprende y comprende con más facilidad.

Todos oímos hablar de la libertad y como es de suponer, su significado es distinto para cada ser humano. Tener libertad o ser libre para mí es, tener la libertad de hacer, escoger y vencer todo obstáculo creado por la mente. Mi libertad llego el día que pude ver que en la vida no hay casualidades y que todo evento ocurre porque así tiene que suceder. Cada lección nos lleva a una mayor comprensión de sí mismo. Al dedicarme a buscar la verdad dentro de mi misma, fue el momento en cuando comencé a apreciar, valorar y entender la esencia divina que vive y late dentro de mí. Nada que ya había estudiado, leído o escuchada me dio tanta libertad como llegar a comprender que lo que veo en otro es mi propio reflejo.

Ninguna alma ha tenido ni tendrá desavenencias, toda discordia es producto de la mente humana. Al comprender esta gran verdad, viaje mentalmente a momentos donde la inconciencia me llevo a pensar que lo que veía en la otra persona era de ellos, no mío. Al no comprender que lo que veía era mí reflejo por consiguiente mío, cree discordia y desavenencias. Ahora que entiendo este aspecto del ser humano y como nuestra alma utiliza a nuestros hermanos para reflejar lo que tenemos que sanar en nosotros mismos. Doy las gracias por mis desajustes y por llegar a comprender que tenía que corregir mis faltas. De igual manera pido disculpa y doy las gracias a todos los que me enseñaron a sanar mi mente, corazón y alma.

No se lleva un espejo colgado del cuello, nadie ve lo que hace. Si la persona esta inconciente, tampoco sabe lo que dice. Es en este punto donde el universo, en su infinita compasión y sabiduría nos da en nuestros hermanos el espejo para que a través de ellos podamos ver nuestra imperfección. Al ver este reflejo podamos sanar, cambiar y mejorar nuestra forma de ver, sentir y actuar hacia nosotros mismos y con aquellos que nos rodean.

Lo mas difícil de hacer en la vida es darse cuenta de que estamos equivocado. Cuando logramos ver nuestro error, el gusanito comienza su metamorfosis, y poco a poco cambia hasta convertirse en una bella mariposa. El juego de la vida no es pensar que cuando aprendemos algo nuevo o distinto ya no hemos de cometer errores, ya que siempre los cometeremos. Es sano ver un error como algo que nos lleva a entender que tenemos que continuar mejorando. No ver que cometemos errores, y el creer que somos perfectos, hace que la cabeza se llene de los humos de la vanidad, y esto si es difícil de corregir.

No existe vida sin acción y cada acción es de origen karmática. Esto implica que siempre estamos haciendo algo y por consecuencia, siempre estamos creando karma. Karma es acción. Cuando estamos concientes los resultados de nuestras acciones son mejores que en la de aquellos casos donde estamos en la obscuridad Si estamos en la obscuridad, somos inconcientes de lo que estamos pensando, diciendo y haciendo. Hay que entender que mientras no despertemos, estamos a la merced del karma negativo, el mismo que decimos que no deseamos tener.

El noble concepto de despertar, lo cual puede ser logrado al estar presente en cada momento de su vida, no es para eliminar el karma, sino para poder llegar a tener la grata experiencia de vivir la vida en felicidad, paz, salud y prosperidad. Sepa que la energía de la felicidad tiene el poder de mejorarlo todo y es esta la energía que nos enseña a disfrutar del verdadero amor.

Nuestras experiencias vienen de tener relaciones con otros. Nuestra percepción utiliza nuestros sentidos para identificar los sentimientos asociados a lo que vemos, escuchamos, olemos y tocamos. Por lo tanto, la vida se basa en percepción. No hay equivocación alguna en esto. Al utilizar nuestros sentidos es que el mundo gira a nuestro alrededor. Como es de suponer, la única percepción que tiene valides, es la propia.

La percepción es discernimiento y el discernimiento crea una opinión sobre lo que ve, oye, huele y toca. La percepción forma una opinión de la experiencia y dicha percepción se convierte en una imagen mental. Esa imagen mental se graba en el subconsciente, en la mente y en las células de su cuerpo. Desde el momento en que su percepción tomo la impresión de basada en su experiencia, esta se convirtió en imagen permanente. De no cambiar su opinión con respecto a la experiencia, si la información es equivocada, la imagen mental y el recuerdo de lo sucedido, permanecerá vigente y ha de ser la energía que le dicte como va a reaccionar. De la misma manera que influye en su pensamiento, palabra y acción.

Préstele atención a sus sentimientos y a los intercambios que usted tiene con otros. Cerciórese de que su impresión esta correcta y no esta mirando la vida a través de lentes sucios u opacos. Sepa que no hay nada de malo en ser sensitivo, ya que la sensibilidad crea compasión, simpatía, comprensión, bondad y ternura. Mediante la observación de estos rasgos espirituales y aprendiendo a desarrollar sus facultades, la humanidad ha de aprender a vivir en mancomunidad con sus hermanos terrenales.

Los significados de la palabra <u>discernir</u> son:

- Juicio
- Sensatez
- Discreción
- Acierto
- Serenidad
- Madurez

<u>Energía es todo lo que existe y todo en el universo es energía</u>. Energía es todo lo que percibimos en sus distintas formas, sin embargo, cuando el lente de su percepción esta sucio o contaminado, todo lo que se percibe tiene la misma contaminación. Sepa que toda información almacenada en la mente, células y subconsciente, cuando esta contaminada, de estar equivocado sus resultados no pueden ser buenos. Bajo estas circunstancias el deber de la persona es de corregir lo que almaceno. Toda energía entra a nuestra percepción limpia y libre de todo contaminante. ¿Entonces quién, si no usted, es responsable de que toda energía entre por sus lentes de una manera limpia y se quede libre de toda contaminación?

Una ilusión es una falsa impresión o un malentendido causado por una interacción con algo o alguien. Esa falsa impresión es captada por la percepción del individuo y al ser una impresión falsa, entra ya contaminada. El individuo ignora que esto ha sucedido y aún así sigue teniendo las malas experiencias que dice no desea tener. Al menos que su percepción sea corregida seguirá teniendo conflictos con ese algo o ese alguien, lo cual inevitablemente usted sigue atrayendo.

Repetidamente, lecciones supuestas a enriquecer su vida son vistas como problemas, esto denota que la percepción del individuo necesita ser recalibrada. Todos debemos tomar el tiempo para ver lo que guardamos dentro y corregir lo impuro, insano e ingrato que por desconocer este detalle ha sido inconcientemente almacenado.

Como almas, nos encanta la aventura, diría que la vida nos entretiene y por eso hay veces que hacemos el papel de idiotas o tontos. Al gustarnos tanto la vida y al estar tan entretenidos con lo que la mente crea, no hemos podido superar errores cometidos hace miles de años. Seguimos cometiendo los mismos errores que cometimos ayer. Parece que al no saber cuan valiosos somos, en vez de aprender bien algo, nos conformamos en poner nuestra vista en limitación e ignorancia.

¿Será esta la cusa por la cuál hemos tenido tantas vidas? No me mal entienda, todos nos entretenemos, no creen que es absurdo que nos guste más tener malas consecuencias a ser sensato y actuar cuerdamente.

Mientras que la humanidad ha aprendido a usar sus cuerdas vocales para hablar diferentes idiomas y dialectos, la raza humana no ha aprendido aún a comunicarse amigablemente con sus hermanos. ¿Se le puede llamar a esto progreso, o será esto una de las muchas maneras que la humanidad disfraza su ignorancia y arrogancia? La humanidad ha logrado conquistar tierras lejanas, sin embargo, no ha logrado conquistarse a sí mismo. El hombre ha explorado la profundidad de los océanos en busca de Dios, no obstante, parece que no hemos encontramos la profundidad de nuestra alma.

En nuestro deseo de explorar todo que nos rodea, el hombre ha viajado hasta el borde de nuestra galaxia, ha gastado trillones de dólares tratando de encontrar vida extra terrestre pero no sabemos vivir en mancomunidad entre nosotros. Lo que tanto el hombre busca es el encontrarse a sí mismo, a quien tiene que conquistar, es a sí mismo. Necesitamos encontrar quiénes somos en realidad. Nuestra necesidad de buscar fuera de nosotros, nunca saciara la ausencia que sentimos en nuestras vidas ni llenará el vacío que esta ausencia ha creado.

Tenemos que estar dispuestos a explorar el horizonte que esta dentro de cada uno de nosotros. Todo ser humano es su propio continente perdido, el mismo que busca y que tanto añora. Aquello que estamos buscando está a nuestro alcance. El continente de 'usted' y de 'todos nosotros' debe ser encontrado, porque mientras no lo encontremos seguiremos actuando como hijos de un Dios misero e inferior.

Su elección debe de ser vivir en paz con todo lo que tiene vida. La felicidad no es sólo una opción, en realidad es, nuestra herencia. Sea honesto consigo mismo y podrá llegar a la conclusión que cambiar su forma de percibir es igual a tener una vida feliz y libre de toda confusión.

El Contrato de las Almas

Revelando los misterios de la vida

"Cuando vemos la posibilidad de manifestar nuestros sueños, es cuando la vida se convierte interesante".

- *Relaciones personales.*

- *Relaciones profesionales, de trabajo y de negocio.*

- *Los Extraños que nos bendicen.*

- *Relaciones e intercambios energéticos con lugares y objetos.*

De ahora en adelante seria conveniente para el estudiante ser más observador y cauteloso en todos sus intercambios y relaciones, ya que de hacerlo acertaría en su diagnóstico al igual que categorizar correctamente lo que percibe. Es también conveniente saber que usted es la causa y razón de todas sus relaciones. Usted es el creador de todo lo que sucede en su vida; y aunque conozca a muchas personas, usted sigue siendo el origen de todos sus intercambios y encuentros. Esto sólo indica que dependiendo de cuan eficaz sea su observación sobre sus sentimientos, emociones, pensamientos, palabras y acciones, así ha de ser la calidad de vida que a partir de hoy usted ha de experimentar.

Es hora de llegar a comprender que toda persona, lugar u objeto que hasta ayer le causaron disturbio, incertidumbre, molestia o furia son sus grandes maestros. Aún en esos momentos cuando las lecciones han sido dolorosas es cuando hay que recordar el acuerdo hecho con todo y con todos.

Entender que esa persona, lugar u objeto que tanto le altera sólo está cumpliendo lo previamente acordado. Ahora le toca a usted hacer su parte, le corresponde aprender a no permitir que nada, ni nadie, lo saque de su centro de armonía.

El pretender que el dolor no existe, o no desear tener, no corrige o elimina la situación. El que no sea deseado no hará que el dolor deje de existir. Lo único que puede eliminar cualquier situación, es comprender la energía subyacente que causa que los mismos eventos sigan ocurriendo. La repetición de la situación es lo que causa el dolor. Por el contrario, al comprender el porque sucede, elimina y borra la memoria, sana el dolor hasta que la situación desaparece.

Otra persona no puede aprender sus lecciones, como usted no puede aprender las lecciones de nadie. Usted es responsable por su vida, única y exclusivamente. Si se siente abrumado, es porque se ha hecho responsable de algo que no le pertenece. Sepa que cuando nos metemos a donde no nos llaman, creyendo que podemos ayudar y dejamos de hacer lo nuestro, es causa de un sin fin de problemas en nuestras vidas.

Cada lección trae consigo la semilla de la iluminación y a medida que trabajamos vamos aprendiendo la lección. Cuando usted se responsabiliza por lo ajeno, la persona se queda con la semilla del alumbramiento sin saber que hacer con ella. Mientra usted al no saber como resolver la situación se agrega un problema, el cual era innecesario e inexistente. Lo interesante de todo, es que la persona que usted deseo ayudar termina por no agradecer su empeño, sin entender el porque de la discordia, creando desavenencia entre ambos. La realidad de lo sucedido es que al usted intrometerse en lo que no es suyo, le quito la oportunidad a la otra persona de aprender conllevando a el desajuste. Quizás ahora entienda que su única labor es ocuparse de su vida y deje que los demás hagan la labor que sólo ellos pueden hacer por sí mismos.

El Contrato de las Almas

Aprenda a apreciar a sus maestros, esos maravillosos seres que siguen llegando a su vida para enseñarle como vivir en libertad. Aprecie la llegada de todo maestro sabiendo que vinieron a darle la lección previamente acordada que tiene el poder de trasmutar, limpiar y borrar deudas karmicas.

Recuerde que todos vinimos dispuestos aprender. Sin embargo, al no saber aquilatar nuestra nobleza, nuestra verdadera herencia, nuestra gran verdad, este noble concepto se ha convertido en algo iluso y extraño a nuestra realidad. Somos almas teniendo una experiencia física, vinimos para lograr integrar nuestra humanidad a nuestra alma; sabiendo que la unión de ambas es lo que nos ha de proporcionar una vida llena de felicidad, salud y prosperidad. Esto y mucho más es nuestro y para materializarlo sólo tenemos que reclamar nuestra herencia espiritual.

Una vez lleguemos a entender cuan amados somos y cuan protegidos estamos, el resto del camino será sencillo. Otra cosa que puede ser de interés para usted, es que para vivir lo único que el ser humano necesita es respirar y tomar líquido, el resto de las cosas que decimos necesitar son productos de la mente.

Este consciente de sus contornos, esto le ha de ayudar a desarrollar sus poderes espirituales, además le dará un entendimiento más profundo de lo que usted es capaz de pensar, hacer y decir. Aprenda a confiar en lo que siente y sepa que cuando este frente a una situación desagradable ha de ser prudente, ponga todo en perspectiva, ya que todo en la vida es circunstancial. Los problemas son productos de la mente, ninguno es eterno.

¿Cuándo ha de terminar de aprender? Sinceramente, nunca hemos de terminar, ya que cuando termina una lección comienza la otra. Depende de cuantas deudas karmicas tenga el individuo. Por experiencia propia, he logrado entender la mayor de mis lecciones porque me he esforzado en hacerlo. Le a consejo que aprenda las lecciones más difíciles primero y el resto le será mucha más fácil.

A medida que envejecemos, la vida se vuelve mucho más fácil. El proceso de aprendizaje se torna es curioso y entretenido, no deje para mañana lo que puede hacer hoy. Para mi la segunda juventud debe de ser reservada para disfrutar lo aprendido, no para aprender lo que la lozanía nos garantiza. Viva su vida sabiendo que cada experiencia le ofrece amor y sobre todo cerciórese de que cada decisión tomada es hecha a consciencia y no se olvide de aprender algo de valor todos los días.

Es mi deseo que todos los hijos de nuestro amoroso universo conquisten 'esta cosa llamada vida', de una vez y para siempre. De no ser así, perderíamos la oportunidad de adelantar nuestra raza y seguiremos siendo un enigma para nosotros mismos.

Namaste [la divinidad en mi, saluda y honra la divinidad en usted].

El contrato de los padres

¡Yo vivo en la conciencia del amor!

Todo lo que tenemos en la vida son relaciones. La mayor de todas nuestras relaciones es con nosotros mismos. Muchas veces al desear adaptarnos a otros no nos damos cuenta que a quien debemos de congraciar o adaptarnos es con aquella persona que deseamos llegar a ser. Esto es ser inteligente, ya que amarnos a nosotros mismos por encima de todo es lo que nos lleva amar a los demás correctamente y sabiamente.

El no amarse es lo que nos lleva aceptar el abuso. Sepa que todo abuso o falta de respeto no debe de ser permitido o tolerado. Por costumbre social o cultural, el abuso toma distintas formas. Cualquiera que esta sea, sigue siendo abuso y falta de respeto a tu ser, al alma del individuo. Cualquier forma de abuso, es vergonzoso y cuando el abuso es cometido hacia una criatura, criatura que fue confiada a usted para amarle, guiarle y protegerle, sepa que en el plano espiritual, sus acciones van más allá de culpabilidad. Sólo demuestra su falta de integridad como miembro del núcleo humano.

Los niños aprenden por medio del ejemplo. Cuando un niño es maltratado desde temprana edad, la arcilla virgen con la que nació y en donde se es el niño moldeado, se quiebra sin tener a su alcance la mejoría o el cambio tan necesario para su propio desarrollo. Con el tiempo, el niño que fue maltratado se convertirá ingobernable, tímido, hostil y eventualmente a de abusar de otros. Estos niños carecen de amor, no se aman a sí mismo, no aman a nada ni a nadie y como es de suponer, no saben respetarse a sí mismo, y por lo tanto no saber respetar a nadie.

Observe a nuestra juventud y pregúntese si como persona, si como adulto, si como padre, usted ha contribuido al desorden que nuestra juventud está experimentando. Si la respuesta es 'sí', entonces busque la manera de darle solución al lamentable estado en el que ellos se encuentran y no pare hasta que haya logrado corregir el mal infundido.

Los padres modernos al no tener tiempo no se involucran en las vidas de sus hijos lo suficiente como para dejarles saber que ellos son amados. Semanas enteras pasan sin sentarse a la mesa como núcleo familiar para comer y hablar sin tener en las manos o traer a la mesa un aparato electrónico. Lo cual quiere decir que no existe comunicación entre los miembros de la familia. Los padres de hoy rara vez tienen reglas para ellos, lo cual indica que tampoco le dan reglas a sus hijos. A veces estos niños indisciplinados son los que gobiernan el hogar. Sepa que esto también es forma de abuso y de crueldad.

La juventud de hoy tiende a ser rebelde y como tal sus actividades son mas parecidas a pandilleros, donde demuestran desden por la autoridad, tanto de sus padres, como de la sociedad. La juventud de hoy, en vez de estar llenos de alegría y de amor, su rostro denota arrogancia, codicia y están faltas de buen juicio. ¿Sabia usted que el comportamiento de nuestros hijos demuestra la clase de persona que son sus padres?

Tengo que decir que me siento agradecida de haber tenido unos padres que me quisieron tanto, que no sólo me dieron buen trato a mí y a mis hermanos, sino que se tomaron el trabajo de grabar en nuestra mente el lema familiar. Este mensaje era enviado como mensaje subliminal, el cual decía: "te traje al mundo y tengo el derecho de sacarte de el". Lo bueno de todo, es que tanto mis hermanos como yo entendimos el mensaje y pocos nos atrevimos a tentar nuestra suerte e ir en contra de las leyes familiares.

Nuestros padres nos dieron todo a cambio de respeto y obediencia. Nos enseñaron leyes y consecuencias desde temprana edad y nos demostraron cuanto nos amaban. Entre las leyes estaban el buen comportamiento, ser moral, disciplinado y tener buenos modales, espacialmente a la hora de comer. Las consecuencias eran varias. Sin embargo, en mi opinión la mejor fue desear comer con los adultos pero para hacerlo había que tener buenos modales en la mesa.

Cuando pequeña no recuerdo que esto me disgustara. Tengo que decir que yo hice lo mismo con mis hijos y aunque no tenía los recursos económicos para tener dos mesas, ellos comían primero y después comían los adultos hasta que los niños aprendieron a comer sin tirar la comida al suelo, entre otros modales a la hora de comer y así sucesivamente.

La juventud de hoy en día no sabe ni cómo sentarse correctamente a una mesa, tampoco saben mirar a una persona a los ojos, ni como entáblese una conversación. Hoy en día, nuestra juventud no sabe lo que es tener ética, no sabe de valores humanos, no tienen buenos modales y demuestran no tener autocontrol. Mi pregunta a los padres de nuestra juventud es la siguiente: ¿para qué tuvieron hijos, si le están haciendo un deservicio al alma?

Mis padres se aseguraron de que sus hijos no se acostaran con hambre. A nosotros nunca nos falto nada; siempre tuvimos ropa, zapatos, techo, comida, seguridad y amor. Mientras que nuestro padre nos consentía, nuestra madre corregir el daño hecho bajándonos de la nube donde nuestro padre nos había colocado momentos antes. Hoy, al observar mi niñez veo que un freno a tiempo es bueno y nunca ha matado a nadie. Ese freno es lo que los niños de hoy carecen y tanto necesitan. Nadie los ha querido lo suficiente como para hacerles saber que hay una línea entre lo que el niño trata de imponer y lo que nunca logrará poder hacer.

Como almas, nuestros hijos eligen a sus padres para guiarlos a través de la vida. Nuestra tarea como padres es darles las herramientas que ellos han de necesitar para que se conviertan en personas auto-suficientes. Criar hijos nunca ha sido fácil, pero puede llegar a convertirse en una experiencia agradable al comprender que quienes tenemos a nuestro cargo es un alma. Ningún alma es propiedad privada de nadie. Nunca hemos poseído o llegaremos a poseer un alma. ¿Cómo puede una esencia divina ser cohibida de ser libre y disfrutar la vida en toda su plenitud? Sin embargo, nuestra labor es guiarles dando buena orientación, darle amor y con disciplina llevarles a que deseen abrir las alas y volar.

La tarea como padre es enriquecer la vida de nuestros hijos, dándoles amor incondicional y orientación constante. La quieran ellos o no, les guste o no les guste, proteste ellos o no, al pasar el tiempo notaremos que aquello que creíamos no ser escuchando, si lo fue. Incluso han repetir la misma disciplina con sus hijos. Sepa que su constante amor y dedicación es todo lo que ellos necesitan para crecer y cuando abren sus alas para volar, asegúrese de no detenerlos con sus inhibiciones o inseguridades personales, al contrario, anímelos a que la próxima vez vuele más alto.

A medida que ellos vuelan, recuerde que de ahora en adelante será el testigo de sus vidas. Déles un buen ejemplo y siempre anímelos a seguir su propio camino. Sea una fuente de inspiración para ellos, siga creciendo y evolucionando como persona. Esto es lo que ellos han de hacer en un futuro no muy lejano. Confíe que la base que les dio es lo suficiente para llevarlos por el buen camino. El tiempo será testigo de su esmero y aunque quizás nunca reciba el merito que usted cree merecer, tendrá el placer de saber que cumplió con su labor.

El Contrato de las Almas

Relación entre madre e hijo

"Nunca fue mi intención atormentar a nadie. Yo solo dije la verdad y ellos tomaron mis palabras por tormento."

Harry S. Truman

Toda relación pretende enseñar que amando los defectos del otro es como nos hemos de encontrar a nosotros mismos. Todo tiene su excepción y hay veces que por más que deseemos amar nos es imposible lograr hacerlo. También es cierto, que el aceptar lo inaceptable nos hace tan culpable como el que comete la ofensa. La relación entre madre e hijo es el lazo más fuerte que existe. Sin embargo, tan precioso como nuestro recién nacido es, a medida que el bebe crece, algunas madres experimentan lamentos, tormentos y quebrantos causados por su adorado tesoro.

Lo que muy pocos de nosotros sabemos o queremos aceptar, es que esa persona por la cual somos capaces de hacer cualquier cosa, en vidas previas fuimos enemigos. Siendo esta la razón por la cual es difícil amarle, entenderle y hasta hay veces que nos es imposible defenderlos. Sepa que dependiendo de la profundidad de la energía del odio entre estos seres, será aquello que determine la tolerancia y la resistencia por parte de la madre.

Mientras el trabajo de la madre es mejorar, corregir o cambiar la relación entre ambos, ella tiene que ocuparse de no perecer en las manos del hijo. Hay veces que la intolerancia del hijo hacia su madre es tan fuerte que tan sólo con la madre abrir la boca es lo suficiente como para que el hijo pierda los estribos. Esto dificulta el poder llegar a tener una buena relación entre madre e hijo.

Mi optimismo me lleva a ver que esta es la relación donde el *Plan Divino* es llevado acabo a perfección, ya que brinda la oportunidad de pagar deudas karmitas. La madre ama a su hijo incondicionalmente, y esto la lleva a aprender y a aceptar la imperfección en el hijo, lo cual en vidas previas no pudo hacer. No importa lo que el hijo haga para que la madre este dispuesta a perdonar, disculpar y olvidar la ofensa, sea esta cual sea.

Mientras que la labor de la madre es ser paciente, la del hijo es respetar y honrar. Sabemos que la juventud no entiende lo que es respetar u honrar, haciendo que la falta de respeto cree desarmonía en el hogar.

El que desconoce las energías subyacentes de estas relaciones, critica lo que desconoce, de modo que nadie puede negar que haya hijos que matan a su madre, como hay madres que matan a sus hijos. Las personas que desconocen el porque estas cosas suceden, critican el evento, afirmando que ellos nunca harían semejante cosa. Permítanme sugerirles que el ser honesto es una virtud y si buscasen dentro de sí mismo verán las muchas veces que por su mente cruzo matar a uno de sus hijos. Soy lo suficientemente honesta como para admitir que el pensamiento cruzo por mi mente varias veces, pero tuve la buena fortuna de que nunca di rienda suelta a mis malos pensamiento.

Hay casos donde la relación entre madre e hijo es tan violenta que para salvar lo poco que queda se recomienda el apartarse el uno del otro y de esta manera ver si llegan a un acuerdo mutuo donde las animosidades cesen o estén bajo control. Hay momentos en que al la relación entre madre e hijo no ser sana, el hijo es enviado a un internado lejos de la casa. Como es de suponer, el hijo termina odiando a la madre más aún, e incluso cuando viene a visitar las peleas entre ambos son intolerables. Haciendo que lo poco que quedaba sano en la relación ahora quede totalmente quebrantado.

Eventualmente, el hijo termina los estudios y vuelve a casa, donde inevitablemente el juego de culpar a la madre por la decisión tomada de enviarlo al internado, es más severo que nunca, y claro esta, la madre también es culpada por la inestabilidad e infelicidad del hijo. Lo que ambos desconocen es que la única razón por la cual aún tienen vida o no están cumpliendo una larga sentencia en una prisión, es que estuvieron separados de la persona que pudo matarle en un momento de ira.

Por supuesto, la madre envío al hijo al internado sin saber la energía subyacente, y al desconocer los misterios aquí hoy develados, la madre sólo reacciona a la confrontación del hijo. Desconociendo aquello que impulsa al hijo a ser violento. De igual manera el hijo tampoco sabe por que hizo lo que hizo. La madre, no se atreve a confesarse a si misma que su energía es la que despierta la ira en el hijo y al ambos estar inconscientes desconocen la energía que rige en la relación. Eventos como éste ocurren por no saber lo que hay detrás, sin embargo no son eventos nuevos. Lamentablemente esto ha sucedido desde que el mundo es mundo. Espero que al aclarar el tema sea el principio de como cambiar nuestro futuro y como trabajar mejor con las energías subyacentes.

Todo sentimiento es energía, y si un sentimiento es impulsado por negatividad puede causar grandes disturbios. El ignorar la raíz o causa del problema, es lo que nos lleva a diagnosticar incorrectamente y hasta nos lleva a dar excusas por el mal comportamiento del hijo. Hay que llegar a entender que una persona puede amar a otra persona sin tener que estar de acuerdo con lo que la persona hace. Amor y gusto son dos cosas muy diferentes. El amar no da permiso atropellar a nadie, ya sea esa persona uno de nuestros hijos con comportamiento de sumo desagrado.

Nadie debe de aceptar mal comportamiento de nadie. Tenemos pleno derecho de protegernos de otra persona. Especialmente si tenemos la sospecha de que puede agredirnos.

Lamentablemente, al no poder aceptar lo que se repudia, la relación continúa deteriorándose y a nivel espiritual, la madre y el hijo quedaran atados el uno del otro para encarnaciones futuras. Si esto es lo que desean experimentar, entonces hagan caso omiso a lo que acaban de leer. Estoy casi segura que muchos de mis lectores llegaran a comprender el porque hay veces que sienten o piensan cosas que aunque la sociedad inculca son incorrectas, las sienten y las piensan de todos modos.

Los que optan por limpiar sus deudas karmicas, están dispuestos a pasar por el fuego de la purificación y transmutar toda deuda, para así lograr tener libertad de errores pasados. Tener hijos no es nada más que otra de nuestras lecciones. Esta lección es capaz de llevarnos a la profundidad del alma. Esta lección puede traer la conclusión deseada, si aprendemos amar la lección y al maestro.

En mi opinión, al ser tan fuerte la relación entre madre e hijo es la más purificadora. Ya que por el amor de su hijo, la madre lo supera todo y lo perdona todo. Como poder negar que por el amor de su hijo, la madre sufre el atroz dolor de un parto y después de ver al recién nacido se olvida hasta del dolor que solo momentos antes tenia. ¿Será qué el amor de la madre por un hijo es tan fuerte, qué es capaz de eliminar la deuda pendiente? Estoy segura de qué es así, por esto el honor de ser madre es otorgado solamente a la femenina de las especies.

Sé cuan afortuna soy. Tengo mil y una razones para serlo. Una de ellas es saber que escogí la madre perfecta en esta encarnación. Llegar a comprender que no importa lo que mi madre hizo o dejo de hacer, fue lo que me llevo a ser libre de toda atadura en nuestra relación. Como alma, estoy eternamente agradecida a la que fue mi madre, pues se que nuestro amor fue capaz de conquistarlo todo, y veo que nuestras deudas han sido subsanadas.

Mi deseo es que mis hijos tengan mi buena fortuna. Que puedan llegar a ver la sencillez de la vida y sepan que lo importante es amarnos los unos a los otros. Mis deseos para ellos es que lleguen a verme como el alma que ellos escogieron para guiarlos en esta encarnación; y a medida que evolucionan, puedan disculpar los muchos errores que por ser humana cometí.

Símbolo Oriental de la Felicidad

Dime y me olvidaré.
Muéstrame y puede que me acuerde.
Involúcrame y he de comprender.

Proverbio Oriental

El contrato entre hermanos

"Es puerta de la luz, un libro abierto".

José de la Luz y Caballeros

De mis hermanos aprendí las lecciones del valor, la integridad y el perdón. Ser valiente no es tener la fuerza de doblar el arco, apuntar y darle al objetivo en su centro, sino es un profundo sentir, quizás un alto grado de conciencia, que dice, que aunque puedo hacerlo, no debo. El perdón no es un sentimiento rígido que implica deber, más bien es la aceptación de lo sucedido, aprender del evento y vivir la vida con integridad llevando la cabeza en alto. En mi opinión, el perdón es un acto de nobleza el cuál rara vez es reconocido, especialmente por el que comete la infracción en contra de su hermano.

José Martí, poeta cubano patriota y escritor, que por años he admirado, y cuyos escritos han tenido un profundo impacto en mi vida, dijo que *"para perdonar se necesita tener una buena memoria"*. Numerosos libros se han escrito sobre el perdón y muchos otros sobre la rivalidad entre hermanos. No profeso ser fisióloga o terapeuta, mis experiencias me dan la libertad de hablar sobre el tema y aún sabiendo que he perdonado toda falta cometida en contra de mi persona, lo que no había aprendido hacer era perdonarme a misma por permitir lo sucedido.

Para mí, la vida es sencilla y fácilmente complicada por celos absurdos que solo crean mala sangre, tanto así que en esta relación es donde se aprende a señalar con el dedo y como es de suponer la verdad, al ser de cristal no puede caer al suelo, por lo tanto siempre cae sobre el más débil o la más noble. Lo curioso es que yo nunca desee complicar mi vida, más por mis hermanas serlo me vi forzada a ser extremadamente clara y aún así me mal entendieron. Por supuesto, esto creo la confusión que nunca desee crear y la confusión no me dejo ver que me estaban traicionando. Cuando comencé a escribir este libro, sabía a groso modo su contenido, más no sabia con especificidad los temas a cubrir o que mis experiencias serian enfoque de comparación. Con el tiempo comprendí que errores compartidos duelen menos.

    La mano tiene cinco dedos, sin embargo todos son distintos. Lo mismo puede ser dicho de mis cuatro hermanos y de mí. Puedo decir que debido a nuestras diferencias, con el transcurso del tiempo logre tener una estrecha relación con mi hermano Manolo y actualmente con mi hermana la mayor. Cuando éramos más jóvenes mi hermana mayor y yo tuvimos dificultad por nuestra forma tan distinta de ver la vida. Esto causo innumerables conflictos entre nosotras y por años no disfrutamos de estar juntas como se que ambas deseábamos. Hoy, después de comprender cuan insensato fue tener conflictos absurdos, irracionales e innecesarios, puedo decir que tengo una hermana. Quizás nuestra relación ha mejorado, no porque ya somos mayores, sino porque hemos aprendido a disculpar nuestras diferencias o quizás, porque hemos llegado a ver que nuestros atributos sobrepasan nuestras faltas.

    Mientras que los cinco fuimos engendrados y concebidos por los mismos padres, las dos hermanas pequeñas no parecen que salieron de los mismos genes. Quizás cuando ellas nacieron, mis padres estaban cansados de poner orden o quizás ya no tenían las mismas fuerzas para inculcar los códigos de conducta dados a los tres mayores. O en vez de culpar a mis padres por las acciones de mis dos hermanas menores, pudiera decir que lo que sucedió entre nosotras fue de género karmico y aparentemente consentí el desenlace, aunque no recuerde haberlo hecho. Culturalmente, las familias son aquellos con quienes nacemos. Espiritualmente, nuestros mejores maestros son aquellas personas que tenemos cerca; esos a quienes amamos y por los cuales haríamos cualquier cosa, estos suelen ser nuestros mejores maestros aunque nos hayan ocasionado dolor y llanto.

Nunca creí posible que una de mis hermanas me pudiera traicionar y mucho menos que dos de ellas lo harían. Presentía que ellas me envidiaban, pero no podía pensar que de la envidia surgiera una traición, sin embargo me demostraron que son capaces de las dos cosas.

Mi sanidad mental y la base de mi fortaleza es mi espiritualidad. A lo largo de mi vida, mi gran constante ha sido buscar la verdad dentro de mí. Si en algún momento yo hubiera encontrado un ápice de discordia en contra de mis hermanas, doy por seguro que ya lo hubiese subsanado y les hubiese pedido disculpas. Al encontrar una gran compasión por las acciones de ambas, nunca pedí disculpas aún así se que les perdone, con la sabias máxima de nunca más volverlas a tratar.

Aún estando la unión en la familia santificada por las leyes sociales, hay que comprender que cuando leyes sacras son rotas por actos viles he impunes, la fabrica que un día nos unió se rompe y el contrato espiritual es anulado.

La metafísica tiene muchas sabias, y uno de ella es, *"cuando el alumno está listo, el maestro aparece"*. Sai Baba fue un santo moderno, el cual falleció recientemente. Leyendo uno de sus artículos llegue a comprender con quien debemos tener relación y con quien evitar tenerla.

El artículo decía que un discípulo de Sai estaba teniendo dificultades con varios de sus familiares y durante una meditación, se dirigió a Sai pidiéndole orientación al respecto. Sai miro el alma del discípulo y le dijo: *"Todos somos hijos de la luz. Todos venimos de la luz. Nuestros hermanos el tigre, el león y la serpiente, también vienen de la luz, pero no me verás entrar en su guarida pues sé que me han de comer"*. Dicen que al buen entendedor, con pocas palabras basta. ¡Gracias Sai!

El Contrato de las Almas

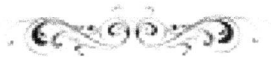

Almas gemelas

Todo bajo el sol tiene razón de ser. Somos merecedores de todo lo bueno. El mal interpretar, como el asumir traen malos resultados.

El ser humano tiene muchas almas gemelas. Todos somos compañeros del alma el uno para el otro, por consiguiente el termino "alma gemela" no esta reservado a la atracción física que sentimos los unos por los otros. Por consiguiente es estar interconectados y ser hermanos espíritu, siendo almas gemelas el uno para el otro.

Nuestra confusión al respecto no es lo único que el ser humano ha mal interpretado, como estoy segura que esta lección no ha de ser del agrado de muchos, ya que hay quien prefiere quedarse en la ignorancia a despertar y aprender. Toda mal interpretación causa desatino, el no saber el significado correcto de lo que se esta diciendo no impide que lo dicho no tome un aspecto distinto en la psiquis del individuo y esto lejos de adelantar, atrasa el progreso de la persona.

Debido a que tenemos dos naturalezas, y al faltarnos visión espiritual con el transcurso del tiempo nos hemos fragmentamos en distintos aspectos de nosotros mismos. Estos fragmentos están esparcidos por todo el universo. Esto causa incertidumbre, inseguridad y zozobra, razón sobrante como para usar y decir cada palabra correctamente.

Hay almas a las cuales somos más atraídas que a otras y la atracción ocurre porque hemos tenido intimidad en vidas previas. Esa atracción esta adentro de nosotros, pero no por ello debemos de enamorarnos desesperadamente de esa persona pensando que hemos encontrado a nuestra 'alma gemela'. Al reconocemos en esa alma vemos parte de nosotros mismos, la cual al estar extraviada observamos nuestro reflejo en esa persona.

Hemos reencarnado y evolucionado con otras almas en todas nuestras vidas, como también hemos aprendido lecciones en cada una de esas vidas y de esas otras almas. Jamás hemos tenido la exclusividad de tener una sola alma gemela. De una manera u otra hemos formado uniones con estas otras almas.

Es importante que lleguemos a comprender que la única razón por la cual la humanidad cree que si existen las 'almas gemelas' es porque necesitamos encontrarnos a nosotros mismos, a quien tenemos que amar incondicionalmente es a nosotros mismos. Lo único que nos ha de dar paz y estabilidad es encontrar en nosotros lo que tanto buscamos en otros.

No todas nuestras lecciones son cálidas o reconfortantes como es la lección del perdón y la lección de aprender amar incondicionalmente. Para alguno de nosotros, estas lecciones pueden crear un gran conflicto y hasta podemos quedarnos estancados por eones en la misma lección sin aprender a perdonar o llegar a amar incondicionalmente a la otra persona sea cual sea la relación. A veces somos la víctima y a veces somos la causa del dolor. A veces somos la luz y a veces somos la oscuridad, sin embargo toda experiencia nos lleva a enseñarnos que nuestra labor es permanecer en la luz o ir hacia la luz. Aquí es recomendado usar el libre albedrío y el discernimiento.

Una persona puede entrar en tu vida y la relación puede traer dolor y sufrimiento. Esta fue el alma con quien usted contrato para aprender una lección. El sentir dolor no significa que tener dolor es la lección. Se que nuestra percepción es la que nos lleva a pensar que tenemos que sufrir. Si va a sentir dolor, si va a sufrir, entonces utilice el dolor como la energía que produce la reflexión, ya que la reflexión produce crecimiento y evolución. Y si opta por cruzar su momento de dolor resignadamente, el amor del perdón será su recompensa.

Nuestro mayor gozo y nuestro mayor dolor son concebidos a través de jugar el juego de la vida con nuestros compañeros del alma. Nuestras experiencias nos han de producir sentimientos intensificados, dependiendo de cuan fuerte sea la conexión que tenemos con esa persona. Pero quiero que sepa que sea cual sea el resultado, sea bueno o malo, todo fue acordado previamente por ambas almas cuando firmaron el contrato.

A menudo nos parece reconocer a una de nuestras almas gemelas o relación karnática, razón por la cual las llamamos "amor a primera vista" o "repugnancia a primera vista." Dependiendo de las lecciones que ha contratado para aprender de esa alma así ha de ser el lazo que los una y mientras menos desee aprender la lección así será su duración y la presencia del maestro.

Podemos llegar a vivir una vida llena de alegría, como es posible vivir en armonía con todos nuestros compañeros de juego 'almas gemelas'. Aún más si se tiene la fortuna de tener una relación amorosa con uno de nuestros compañeros, este hermoso encuentro es un regalo paradójico y rara vez es disfrutado por mucho tiempo.

Rev. Rina A. González

El contrato de los suegros

¡El amor lo puede todo!

Como es de suponer, aquí también la humanidad no ha sabido apreciar la importancia que es tener una buena relación con nuestros suegros. Sepa que los suegros son parte de nuestro contrato espiritual y tener una relación armoniosa con ellos puede ser gratificante y hasta capaz de mejorar la calidad de vida.

Los suegros traen conocimiento, amor, comprensión, y un nuevo punto de vista. Sea inteligente y aprenda a tener una buena relación con sus suegros y empiece a verlos como sus amigos y no como el enemigo.

La tradición Hindú enseña que para eliminar todo problema sea este cual sea, desde el principio se mira el alma de la persona y no la imperfección de la personalidad. Esto nos lleva a aceptar a todas las personas como hermanos terrenales y siendo co-creador del universo vemos el amor en todo ser humano.

Esto implica que todo ser humano sea quien sea, se le debe tratar con respeto y con amor. Esta es la razón por la cual los hindúes no crean karma negativa ya que han aprendido a vivir en armonía con todo lo que tiene vida, incluyendo los suegros.

Mi buen amigo

"Un amigo toma tu mano
Y sin darte cuenta te roba el corazón".

¿Qué pudiera decir de un alma noble como lo fue mi hermano? Los que conocieron a Manny saben de su suave voz, y como con un abrazo te elevaba el espíritu. Aquellos que aún no lo conocen pronto llegaran a saber el porqué él es el tema de mi buen amigo.

Manny fue el único barón nacido en la familia González García. Todos tuvimos el privilegio de disfrutar de su presencia durante el tiempo que nos fue asignado. Su partida nos dejo anhelando su presencia. Como no echar de menos su inolvidable espíritu, su gran corazón y un alma pura, elevada y hermosa.

Siendo el único barón entre 4 hembras, lo que para otro hubiese sido ventajoso, Manny nunca lo vio así. Él no sabia porque era el favorito y nunca le saco provecho a serlo. Manny fue sencillo, sincero y llano; si tenía algo que decir, con su propia aprobación, decía lo que veía, sentía o presentía, nos gustara o no.

Él fue alegre y divertido, era inteligente y práctico. Cuando niño fue el eterno explorador, el inventor con espíritu aventurero. Nunca se le olvidó ser niño y siempre nos animaba a que también lo fuéramos. Manny lo hacia todo con una sonrisa en su rostro, un cigarrillo en la boca y una botella de Ron a su lado.

Hay muchas historias sobre Manny que pudiera compartir con ustedes, pero voy a narrarles su último acto de nobleza ya que se que salio de la profundidad de su alma y de su conciencia limpia y cristalina.

Al Manny darse cuenta que se estaba muriendo, decidió contactar a toda persona que el había conocido. Ya fuera por teléfono o en persona a cada una de esas personas el les hizo la misma pregunta. ¿Alguna vez te ofendí? La persona al escucharle, sabiendo que él se estaba muriendo no sabia que contestar y hasta hubieron algunos que trataron de tranquilizarlo diciéndole que él nunca les había ofendido. Sin embargo, Manny no quería mentiras y siendo su deseo subsanar errores a todos les dijo, "sé que me estoy muriendo como sé que he cometido errores, razón por la cual te pido me disculpes si alguna vez te ofendí; créanme que esa nunca fue mi intención".

    Como se pueden imaginar no quedo un ojo seco, se que su determinación de subsanar deudas pendientes beneficio a todas las personas a nivel del alma como se y su alma brillo más que nunca. Incluso hizo lo mismo con mi nieta de sólo 5 años de edad y aunque la niña no entendía lo que el estaba haciendo no la soltó hasta que la niña le dijo que lo quería y le dio un beso. Lo curioso es que nunca lo hizo conmigo. Durante mucho tiempo no entendí el porqué, hasta que me dí cuenta que Manny y yo no tuvimos deuda, ni antes, ni durante, ni después.

    Estoy agradecido por haber tenido a un alma tan noble como mi hermano, pero más me alegra ver que siempre fue mi buen amigo. El fue la persona a la que yo pude acudir; era mi confidente. Use su hombro para llorar, como también tenia sus oídos y silencio cuando necesitaba reflexionar o simplemente necesitaba un apoyo. Y para mi placer, cuando él me necesito asimismo me tuvo. Manny fue mi roca, y aunque a veces sus palabras eran duras, siempre entendí que no era para herirme, si no para despertarme.

    Cualquiera que fuera la situación, aún no fuera esta de nuestro agrado, estuvimos presente el uno para el otro. Nuestro amor fue incondicional y nunca tuvimos reservas mentales. Al no tener prejuicio siempre pudimos ser sinceros y abiertamente hablar sabiendo que no seriamos, criticados, recriminados o traicionados. Recuerdo que volvíamos a nuestra madre loca ya fuera que estuviéramos de buenas o si peleábamos. Cuando peleábamos Mima estaba más tranquila ya que no se nos ocurría hacer ninguna travesura, sin embargo cuando estábamos de buena, ella sabia que algo iba a suceder.

Mi hermano y yo tuvimos muchas aventuras, Aún así de todas hay una en particular que me gustaría compartir con ustedes:

Manny y yo teníamos sueños muy claros, yo diría que eran casi reales y como niños al fin, nos contábamos nuestros sueños. Un día me dí cuenta que había un sueño en particular donde Manny y yo visitábamos el mismo lugar. En el sueño, tanto el como yo teníamos las mismas experiencias y ambos disfrutábamos del hábito de volar sobre una alta montaña y después de llegar a su cima nos dejábamos caer por el precipicio disfrutando de la grata experiencia sabiendo que nada nos pasaría. Tanto nos gustaba la libertad que nos daba el volar que siempre deseábamos tener el mismo sueño. Fue entonces que comencé a percatarme de las coincidencias (coincidencia es una ecuación matemática que significa algo que encaja perfectamente) y peculiaridades de nuestro sueño, las cuales eran:

- Sólo teníamos ese sueño los días jueves.
- Ambos disfrutábamos de tener la experiencia.
- Ambos reconocimos el paisaje cuando el otro lo narraba.

Un día le dije, ¿por qué no le pedimos a nuestro ángel que nos lleva a nuestra montaña el próximo jueves? De esa manera podremos volar juntos. Acordamos hacerlo y al siguiente jueves antes de acostarnos a dormir nos recordamos de nuestra cita para esa noche. Y como acordado esa noche nos reunimos en nuestra montaña y volvimos a ella muchas noches más.

Al pasar el tiempo, nos convertimos expertos jugando el juego que capturo nuestra imaginación. Por supuesto, ninguno de los dos sabíamos lo que estábamos haciendo o que para otros, nuestra aventura era imposible de lograr. Todo lo que nosotros sabíamos era que deseábamos volar y al seguir nuestro deseo volamos juntos en la montaña, en el espacio y en la inmensidad del bien, muchas, muchas veces más.

Hoy, se el nombre de ese lugar donde mi hermano y yo visitábamos en el sueño y donde jugábamos cuando éramos niños, el lugar se llama "el campo de toda posibilidad". Nuestra inocencia y determinación logro hacer lo que para muchos es imposible y por un instante de nuestra existencia, dos niños expresaron la luminosidad de sus almas en juego. Esto sucedió porque confiábamos el uno en el otro y porque nos atrevimos a ir más allá del *'acondicionamiento social que dicta limitación'* y por pedir la ayuda de nuestro Ángel Guardián, sabiendo que obtendríamos lo deseado.

¡Gracias Manny, te veré en mis sueños!

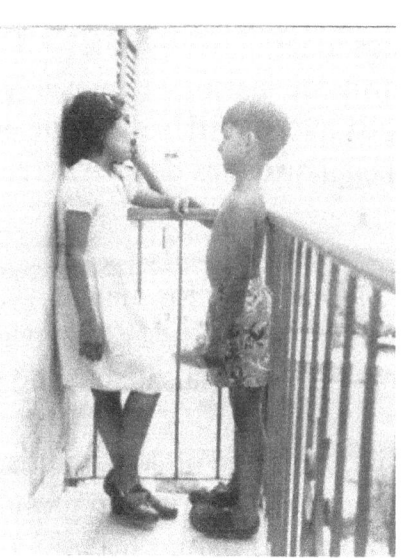

Manny y yo teniendo una conversación a la edad de 6 y 7 años.

¿Quiere ser feliz?

Encuentre su pasión en su profesión, trabajo o negocio.

En toda actividad, entrene la mente con meditación.

Si usted es un profesional y adquirió su diploma en una Universidad o aprendió un oficio en una escuela de vocación, sepa que si no hay pasión en lo que hace, nunca será feliz. No importa cuánto dinero gane haciendo su profesión u oficio, o cuan prestigioso sea su título, si el trabajo que usted hace no le hace feliz, inevitablemente la tristeza lo invadirá e inevitablemente la infelicidad le ha de enfermar.

Descubrir nuestra pasión no es difícil, ya que es algo que nos gusta hacer y es algo que hacemos automáticamente, instintivamente y fácilmente. Lo que nos gusta hacer se hace como si lo hubiésemos hecho en vidas previas. Nunca hemos ido a la escuela para aprender hacer lo que nos gusta y es lo que nos proporciona alegría, armonía y salud.

Entonces, porque no convertir lo que le gusta hacer en un negocio y comparte la energía del amor y de la felicidad con sus clientes, pacientes, amigos, familia y barriada. De esta manera vera que las energías de la abundancia y la prosperidad siempre estarán con usted.

Rev. Rina A. González

Un abraso al amor

Atrévase a soñar que puede ser feliz. Atrévase a ir en busca de sus sueños. Nunca se arrepentirá de haber seguido la luz de su imaginación. Sea espontáneo, siga el esplendor del día y podrá encontrar los tesoros que hay en su corazón.

Rev. Rina González

La perfección de lo que nos parece extraño

Con infalible bondad, la vida siempre nos ha de presentar lo que necesitemos aprender. Ya sea que nos quedamos en casa o trabajemos fuera, donde quiera que estemos, inevitablemente el profesor ha de aparecer.

Charlotte Joko Beck

La definición del "campo continuo del tiempo y del espacio", fue explicada por Einstein en su formula de matemática la cual sugiere que ambos campos son la totalidad de una entidad.

"El campo continuo del tiempo y del espacio es una colección de especificaciones para-métricas que intentan definir *'lo que es'*. Las especificaciones pueden ser de un sólo valor y así definir un punto específico en el espacio y tiempo, como puede ser continuo y definir la totalidad".

Como pueden ver, la verdad es más extraña que la ficción ya que lo que los humanos tenemos como cierto, esta en desacuerdo a lo que creemos es nuestra verdad. Quizás esta lección logre hacerle recordar lo ya vivido, y lo que esta dormido dentro de usted lo cual necesita despertar. Recuerde que toda materia, idea o noción necesita tiempo para ser digerida, asimilada, entendida y aceptada. Por lo tanto abrase la posibilidad, expanda su mente e imaginación y continúe leyendo.

Para tener una mayor aceptación de la teoría aquí expuesta, asociémosla a nuestras vidas y pronto podremos comprender lo que Einstein dijo, no solo como verdad, sino como lazo que abraza nuestra divinidad y humanidad. Al abrirnos a las posibilidades que este campo nos ofrece, descubrimos que todo ser humano forma parte de este campo, el cual al ser continúo es donde creamos lo que el humano llama vida con nuestros pensamientos, palabras e intenciones. Es de esta manera por la cual estamos interconectados el uno al otro, por ello la importancia de despertar y estar consiente de todo lo que esta a nuestro alcance.

El significado dado por Einstein al campo de espacio y tiempo nos deja ver que somos el conjunto o colección de experiencias vividas las cuales fueron experimentadas en un campo continuo. Ósea, todo evento, presente, pasado o futuro están latentes, vigentes e impresos en el éter como si estuviesen sucediendo ahora mismo. Por lo tanto, todas nuestras encarnaciones y todas nuestras experiencias han sucedido en el mismo momento, al mismo tiempo, continuamente y simultáneamente.

En la comprensión y en la aceptación de esta teoría es que el hombre puede llegar a entender cuan profunda es su herencia, cuan grande es su conexión a todo lo que tiene vida y cuan poderoso es cada ser humano. Esto nos explica el porque nos intrigan las viejas civilizaciones, tanto así, que su proximidad nos lleva a desear encontrarlas, como si estuviéramos buscando una parte de nosotros mismos que hemos perdido. Y más intrigante aún, es la posibilidad de que tal vez sean las civilizaciones del ayer las que nos están buscando a nosotros. Sea cual sea, lo que no podemos negar es que vengamos de donde vengamos, hayamos hecho lo que hayamos hecho el contacto con otra alma a la nuestra nos causa intriga. En cambio al no saber definir lo que sentimos, su proximidad nos lleva a pensar que es algo desconocido, algo que esta afuera de nosotros cuando es una parte integral del complemento divino.

Esa llamada, ese anhelo, ese ahínco, ese empeño por entendernos a nosotros mismo, es lo que nos lleva a ir al espacio en busca de prueba de vida extra-terrestre en otros planetas. Siendo todo en nuestro universo energía y siendo el hombre parte de la creación divina es también energía, ¿Qué nos impide utilizar la energía que tenemos a nuestro alrededor para atraer a nuestras vidas? Las cualidades que han de beneficiarnos, tal como el amor y la armonía que tanto necesitamos. De elegir vivir en armonía, estoy segura de que la vida sería una maravillosa experiencia y lo que tanto nos intriga tendría respuesta.

    Ahora, conteste esta pregunta. ¿Cuantas personas ha conocido en esta encarnación? ¿Cuántas de esas personas son sus amigos o familiares? ¿Nunca ha llegado a usted una persona desconocida que le ha llamado la atención? ¿No se ha preguntado quien puede ser esa persona? Esas almas fueron seres amados de nuestro pasado cuya energía aún esta impregnada en su alma, la cual es recordada por lo mucho que fue amada.

    En esta encarnación, estas almas no están en su círculo ya que no hay deuda pendiente y por lo tanto no hay nada que aprender el uno del otro. Sin embargo, su esencia es familiar he inmediatamente son reconocidos, aún sin saber quienes son o a que han venido. El encuentro es casual, quizás tan breve como una mirada ya que al conocernos bien su labor es simplemente darnos las fuerzas para seguir adelante y una vez termina se retiran dejándonos anhelando su presencia.

    Estos encuentros se conocen como visitas de los Ángeles Terrenales y como es de suponer, venimos en todos los tamaños y colores. Todos tenemos en común el darnos los unos a los otros la oportunidad de ver la profundidad de nuestra alma o quizás el breve encuentro nos llevo a desear buscar un más profundo significado de la vida. Sepa que usted también es uno de los muchos Ángeles Terrenales.

    Debiéramos de agradecer el ser parte de un universo que nos ofrece múltiples posibilidades de ser victoriosos en todo lo que emprendamos. Estoy convencida de que todo ser humano vino al Planeta Tierra equipado a tener una vida fructífera. En nuestro universo no existe errarla equivocación, nada sucede por casualidad y para tener una buena vida, sólo tiene que permitir que las señales del tiempo y del espacio lo lleve a ver cuanto amor y generosidad hay en nuestro universo. Tanto así, que nunca hemos de quedar abandonado en el desierto de nuestra confusión, pues la ayuda y la orientación que tanto necesitamos llega, aún quien nos traiga la respuesta sea un perfecto extraño.

Lugares y Objetos

"Lo que no entendemos, nos aturde, lo que ignoramos nos confunde, el estar aturdido o confundido causa miedo y el miedo debilita."

Una lección es producida al tener un intercambio con uno de nuestros maestros. Un maestro puede ser cualquier cosa que nos lleve a aprender. Toda lección tiene como propósito el elevar la rata vibratoria del cuerpo, llevándolo de lo densa de la materia a la luz del alma, donde finalmente logramos entender que lo primero que tenemos que iluminar, es nuestra mente.

Un maestro puede ser cualquier cosa, cualquier objeto, cualquier lugar como lo son las personas que tenemos a nuestro alrededor. Una lección puede ser enseñada por cualquier cosa, persona o lugar como se puede aprender en cualquier momento. Podemos aprender a cualquiera edad, no obstante, por experiencia les sugiero que no dejen para mañana, lo que pueden hacer hoy.

¿Ha notado que donde quiera que viaje, el lugar, pueblo o país tiene la energía de su pueblo y de su gente? ¿Ha notado que todo pueblo mercadea su artesanía? ¿Será posible que todo objeto conserve la energía del país y del individuo que lo hizo? Un lugar o un objeto son maestros capaces de dar lecciones, tal como la lección de la aceptación.

Un maestro puede ser una canción, un libro, la puesta de sol, el amanecer, las palabras de un perfecto extraño, la sonrisa en el rostro de un niño. Un maestro puede ser la inesperada brisa que acaricia su rostro. Un maestro es lo que ha de llevarle a ver que usted es una chispa divina y como parte de la Creación Divina tiene el deber de despertar a su gran verdad.

Recuerde sus muchos maestros y de las gracias por la oportunidad de aprender a valorar la vida. Sepa que cada lección trae consigo nuevas herramientas y que negarse hacer lo que vino hacer, sólo le puede traer malos resultados. Ahora regrese mentalmente a esos momentos donde se negó aprender y aprenda la lección, disfrute el maestro y sepa que la vida ha de mejorar en el mismo instante que usted disponga mejorarla.

El Contrato de las Almas

Errar es divino

Los errores están cubiertos con luz de la sabiduría
Y su semilla esta cubierta de iluminación.
Si no fuese por los errores nunca supiéramos
Que la vida puede ser mucho mejor.

Sea amable y justo cuando erre.
No escuche lo que dicen los demás,
Ya que todo el que dice saber no ha comprendido
Que la mañana es más dulce junto al sol.

Sigue el latido del que mas sabe.
Sea fiel a lo que siente y a nadie más.
Permita que su esencia le perfume,
Calme sus sienes, tenga piedad.

¿Si errar fuera tan malo,
Por que tenemos que aprender?
Errar es un mensaje que nos avisa
Que queda algo más por comprender.

No pierda valor, ni se detenga,
La oscuridad de la noche trae el amanecer.
Y con cada amanecer viene el nuevo día
Lleno del calor que da vida a su ser.

Errar es divino porque encierra
La medida perfecta del vivir.
Tómese el tiempo y vera las maravillas
Que el corregir un error puede traer.

Rev. Rina A. González

A medida que pasan los días
Verá que ha de errar menos cada vez.
La vida se aprende cometiendo errores.
Ame todo error que ha de experimentar.

El Planeta Tierra

"La paz entre los países descansa fundamentalmente en el amor dentro de cada individuo."

Mahatma Gandhi

Nos referimos al Planeta Tierra como nuestra Madre y al menos entendemos que lo es, ya que no sólo es ella nuestra madre sino que gozamos en tener su naturaleza. Diría que en realidad somos compañeros de viaje y estamos aborado de su nave espacial. Como hijos de Padre/Madre Dios, siendo herederos de todo lo bueno que hay en el universo, debiéramos de estar en sintonía con nuestro legado, no obstante aún no hemos logrado comprender que ser armoniosos implica utilizar ambos aspectos, alma y humanidad simultáneamente, día tras día, momento tras momento, ocasión tras ocasión.

Quizás el no aceptar quienes somos es lo que nos lleva actuar en desproporción y por esto nuestras acciones son inhumanas. Nuestro comportamiento no quita que sigamos siendo dioses en embrión o herederos de todo lo que en este plantea existe. Lo único, que hasta no aprender a actuar como lo que somos, seguiremos malgastando nuestro preciado tiempo y energía innecesariamente.

Al ser dioses en embrión y al no actuar como tales, perdemos la oportunidad de conocer íntimamente la engría del amor. Siendo la misma razón por la cual usamos incorrectamente la palabra sin nunca saborear o llegar a conocer el poder de esta bella energía o saborear el néctar de los dioses. Si supiéramos amar, nuestra experiencia fuera comparable al paraíso terrenal, experiencia vivida al principio de nuestra experiencia galáctica a bordo de nuestra madre.

La energía del amor no es una palabra hueca, es mucho más de lo que nos podemos imaginar. No sólo desconocemos el valor de amor sino que además, al desconocer que es una energía, seguimos buscando algo material que nos llene. Por consiguiente desperdiciamos momentos donde pudiéramos sanar amando. Al no usar esta bella energía correctamente nos quedamos con los deseos de saber lo que es amar o lo que es ser amado.

Decimos que amamos y algunos de nosotros hasta sonamos sinceros al decirlo, sin embargo, la condición en nuestro planeta demuestra que la palabra amor se ha convertido en una frase o forma de salutación cordial que no tiene nada que ver con el verdadero amor. Para algunos de nosotros la palabra amor significa sentir afecto hacia una cosa, lugar o persona. Para otros, la palabra amor es la necesidad de tener la presencia del ser amado constantemente de su lado.

Tratamos de definir la palabra amor diciendo que adoramos a la persona y damos nombre a lo que sentimos. Pero lo curioso es que aún dando nombre y categorizando lo que sentimos cuando sucede algo entre esa persona y usted, cambia su mente sobre lo que decía sentir y deja de amar. Entonces, lo que sentía era un amor acondicionado a sus caprichos y nunca fue amor verdadero.

Amar es estar en paz con todo lo que tiene vida. Amar, es aceptar todo incondicionalmente. Amar es sentir la llamada de algo mayor a si mismo y por amor permitir ser guiado. Amor es sentir, ver y encontrar su esencia en todo lo que le rodea y respetar a cada persona como a uno de sus semejantes. El amor se siente de muchas formas y se reconoce por su bondad. Amar es aceptar lo que un amigo piensa distinto a usted y no por eso deja de ser su buen amigo. Amar es tener integridad personal, es seguir sus sueños y es compartirlos con el mundo. Amar es trabajar para el mejoramiento de la humanidad, amar es dar sin pedir nada a cambio, amar es ser agradecido por lo ya vivido y por lo que queda por vivir. Amar es ver el esplendor que brota del pecho del ser amado y ver como su pecho se abre al recibir tanta hermosura.

Observe como la naturaleza trabaja y cómo ella hace que todo crezca y cambia en silencio. Del centro de la creación viene la orden de crear y todo crece en silencio bajo la armoniosa energía del amor. ¿Y que hacemos nosotros con tan hermoso regalo? Tronchamos su perfección teniendo guerras, destruyendo y contaminando su regalo con nuestra imperfección.

Somos los mamíferos racionales de la especie, conocida como humanidad hemos evolucionado o al menos hemos logrado caminar parados. Con el tiempo perdimos el rabo y tenemos cinco dedos en mano y pie, pero no hemos superado nuestra forma de pensar o de actuar. Quizás necesitemos reevaluar nuestra presente situación y llegar a comprender que de seguir actuando inconcientemente seguiremos en las mismas o peores circunstancias.

Amor es mucho más que decir la palabra o pensar que porque la tenemos en nuestro vocabulario sabemos lo que ella implica. ¿Cómo poder dar lo que no sabemos tener? o ¿como identificar lo que no sabemos ser? Es como si nuestra verdad estuviera confundida y en vez de salir amor de entre nosotros sale arrogancia y desprecio. Esto sólo demuestra lo mucho que necesitamos aprender a amarnos a nosotros mismos.

No se engañe, mire a su alrededor y diga si lo que ve es producto del amor o de la ausencia del mismo. Nuestro planeta está lleno de nuestras acciones. Aún más importante, nuestras acciones están llenas de miedo, de odio, de ignorancia y de codicia. Rara vez, la energía del amor es lo suficientemente fuerte como para sostenerse por sí misma, o pueda durar lo suficiente como para poder crear algo bello y hermoso que le traiga alegría o paz a las masas.

Venimos del amor universal, somos la encarnación del

amor. Sin embargo, en nuestro estado de confusión lo único que hemos logrado hacer es devaluar nuestra esencia. Y al estar separados de lo que somos no podemos expresar nuestra divinidad, tampoco podemos sentir o dar amor, ni sabemos vivir o apreciar la vida.

Nuestra falta de tolerancia y comprensión hacia nuestro semejante es injustificable; es casi una locura. Nuestra conducta va a la raíz de nuestra desavenencia con nosotros mismos y de no cambiar, continuaremos cometiendo los mismos errores y nuestros resultados han de continuar trayéndonos más intolerancia, más vicisitudes y más limitación.

El hombre tiene dos madres, la naturaleza y las circunstancias. De ahora en adelante, dependiendo de cómo cada uno de nosotros utilice nuestra naturaleza, para el bien común de la humanidad, o para destruir vidas, seremos recordados como aquellos que se unieron para cambiar las circunstancias de nuestro planeta o los que causaron su propia destrucción.

Símbolo de la Divina Femenina

"Mujer"

¿Cuanta pasión puede sentir una mujer?
¿Cuantos sueños puede una mujer tener?
¡Toda la pasión que el corazón encierre,
Y todos los sueños que se atreva a imaginar!

La mujer es símbolo de grandeza ya que cada una posee el perfume de exquisita ternura, energía capaz de abarcar toda la humanidad. La mujer es amada, hermosa, valiente, poderosa, famosa y hay veces que hasta somos capaces de ser ínfimas.

La mujer es amada por quienes la conocen, admirada y buscada por quienes la necesitan. Cuando se enamora es exquisita, elocuente y maravillosa. La mujer es la encarnación de la sabiduría de Madre Nerva y como tal es la elegante dama, la amiga sincera y la poseedora de toda hermosura. Estando dotado de tanta gracia, hay veces que la mujer se limita, solo porque desconoce sus dones, y al no saber como usar sus talentos correctamente, se convierten en ineficacia.

La mujer se percata inmediatamente de lo que esta sucediendo a su alrededor. Rara vez no sabe ella que decir o hacer, no hay una mujer que tenga problema alguno en expresarse, ya que ella dice lo que tiene en mente asombrando a muchos a su alrededor. Excepto cuando sus actos vienen de intolerancia, sus poderes se reducen a terquedad y ahí es cuando el elogio llamado mujer, pierde su credibilidad ante las mismas personas que ella desea agradar e influenciar.

La mujer es la personificación de la energía del amor y como tal, lleva la sabiduría divina entre sus entrañas. Toda mujer sabe amar y cuando es amada, ella expresa su amor de mil formas distintas. La mujer puede ser paciente y tolerante, así como sabe poner el orden en el hogar y en los negocios. La mujer sabe escuchar la voz de La Diosa Interna y sabe que cada mujer es una Diosa, razón suficiente como para respetar a toda hermana.

La mujer es buena amiga y consejera, ella da de su sabiduría e inspira la mayoría en donde quiera que este. A cualquier edad, sea cual sea su título, la mujer posee el secreto de "La Divina Femenina" en su vientre. Cualquiera que sea el escenario, ella esta presente y facilita ayuda para solucionar la situación como sólo ella puede resolver. La mujer cuando lo decide puede entender como únicamente ella lo puede hacer. Con amor, ella da su luz en todo lo que hace y dice.

Parte del trabajo de la mujer es infundir su sabiduría aquellos que están bajo su patrocinio, y como madre ella sabe que cada niño es un alma la cual necesita ser amada, reconocida, protegida, amparada, entendida y aceptada. Nuestra esencia reclama nuestra perfección espiritual y esto le exige a cada mujer que reconozco lo que en nuestra ausencia ha sucedido en nuestros hogares, nuestras comunidades, nuestros países y nuestro mundo. Necesitamos unirnos más que nunca para cambiar el rumbo de nuestras vidas; y unidas de brazos, corazones, mentes y almas es que lograremos reclamar nuestro lugar en la sociedad. Unidas sacaremos a nuestro amado planeta de las garras de la ignorancia y de la limitación.

Elegí Vivir

El "secreto" de la vida, el cual todos buscamos, no es más que "aprender a desarrollar nuestras facultades espirituales a través de dedicarnos diariamente y con práctica dejar ir el coraje que nos embarga" y al ver lo que quedo oculto, así comprender que podemos descansar en la experiencia del momento. Ya sea este un sentimiento de humillación, de fracaso, de abandono, o de injusticia.

Charlotte Joko Beck

Volví a nacer por elección y al elegir vida, vivo. Después de tanta confusión comprendí que la vida es un evento fascinante e intrigante el cuál debe de ser vivido a plenitud. Pudiera decir que yo aprendí a vivir, viviendo mi vida. Para mí, la vida nunca dejará de ser interesante y fascinante. Se que cada día me trae un nuevo comienzo. La vida da el deseo de vivir nuevas experiencias las cuales nos llevan al encuentro de nuevas aventuras. Es como si la vida nos guiara a descubrir lo que en ella encierra, eso que vive y late dentro de cada ser humano. Al descubrirlo comprendemos nuestra humanidad.

Como estudiante ferviente de la vida, no quiero dejar de aprender, de crecer o de evolucionar pues se que mi vida comenzó el día que tomé la decisión de cambiar mi forma de vivir. Tengo que admitir que mi mayor alegría fue ver mi propia transformación, como se que mi dedicación y ahínco fueron lo que me llevaron al triunfo.

Curiosamente, no recuerdo haber firmado el contrato o haber escogido muchas de las cosas que experimente, Sin embargo, llegue a comprender que al no acordarme o al no gustarme algo, podía elegir cambiar lo que estaba haciendo y mis experiencias serian distintas, nuevas y mejores.

¿Cómo fue que llegue a comprender que existe otra forma de vivir? No aceptando acondicionamientos, tanto familiares como sociales. También es bueno hacer preguntas, especialmente cuando hay dudas y claro esta hay que aprender a escuchar la respuesta. Diría que el visitar mi santuario a menudo fue lo que me ayudo a comprender lo que mejor me convenía en mi vida privada. El líder no puede seguir a nadie y el maestro espiritual no puede ser el eco de nadie. Reconozco que mi libertad llego el día que comprendí que la vida simplemente **es**, y al ser toda poderosa no necesita la aprobación de nadie para ser o crear. El aceptar que la vida sigue su curso, conmigo o sin mí, me llevo a comprender que para vivir solo tenia que respirar; y para vivir sin limitaciones solo tenia que dejar de cometer errores que sólo limitan, aquellos como la paralices del miedo y la dura abnegación.

Al llegar mi libertad pude ver la magia y la sencillez que la vida encierra. Al observar sus patrones, sus ciclos y sus etapas comprendí que hay una semana del mes que se debe de usar sólo como recogimiento espiritual. Antes de entender esto, por más que trate de hacer algo de valor esa semana nada me salía bien. Por lo tanto, cuando la luna esta en cuarto menguante, practico meditación como preparación para el resto del mes.

Fue durante una de mis meditaciones que pude observar una luz dentro de mí la cual al parecerme familiar me detuve a observarla. Pude ver como la luz se ampliaba y se convertía en espiral. El espiral subió por toda la columna vertebral y al atravesar las chacras (centros energéticos del cuerpo), despertó la inteligencia divina en cada una de ellas. Y fue cuando en mí nació el deseo de seguir descubriendo todas las maravillas que se encontraban ocultas y anteriormente no me detuve a observar. Fue hasta entonces que quede completamente libre de todo embargo.

Observando la luz, pude ver su inteligencia, poder, perfección, y belleza. Me maraville al saber que toda esta magia esta adentro de mí y su magnificencia soy yo. Fue entonces que recordé haber visto esa luz cuando niña y claro, por ser pequeña no entendía lo que hoy entiendo. Cuando comprendí que la luz de mi alma es quien lo hace todo y me dio el permiso a vivir la vida a plenitud.

Viendo la magia que soy mientras trabajo, tejo, subo y bajo, percibí que esa luz fue quien creo el feto cuando estaba en el vientre de mi madre, como se, es la energía que corre por mis venas. Yo soy el poder, yo soy la luz, yo soy la vida. Al fin llegue a entender el amor que crea tanta perfección en el silencio del útero femenino, estando en ritmo con todo y moviéndose a través del planeta, el espacio, el tiempo y el universo. Por tanta magnificencia doy gracias todos los días.

Al comprender la profundidad de lo que soy, por primera vez desde mi llegada, sentí paz con mi Creador, con mis padres, con mis hijos, con la vida y conmigo misma. Mi estado de tranquilidad me llevó a ver cual era mi misión en la tierra y desde entonces he trabajado para ofrecerles lo bueno que se hay en mí. Mi dedicación al bienestar y al desarrollo del ser humano me ha llevado a escribir, sabiendo que lo que escribo brota de mi alma.

Siempre desee poder dar luz a través de lo que escribo. Mi mayor deseo es poder sacar a mis lectores de todo mito, de la limitación, de la ignorancia y de la destructora confusión. Si con este libro logra dar libertad a uno de ustedes, si mis palabras influyen su vida, si ellas lo llevan a desear cambiar, entonces sabre que mis esfuerzos no han sido en vano. Más cualquiera que sea la influencia de este libro, sepan que estoy eternamente agradecida y aún estoy aprendiendo a ser humana.

Rev. Rina A. González

"Las religiones son básicamente inventos de la mente humana. La compasión es parte fundamental de nuestra naturaleza. Para ser compasivo no es necesario ser religiosos o tener ideología alguna, ya que todo lo que necesitamos hacer es permitir que de nosotros broten las cualidades humanas."

El Dalai Lama

Las fases de la luna

Los que me conocen saben de mi amor por la luna y como no observar a la diosa y sus encantos. A continuación les doy otro regalito. ¡Qué lo Disfruten!

- Luna No. 1: **Luna Nueva** o *Novilunio*, también llamada "*Luna Nueva Astronómica*" o "*Luna Negra*", **corresponde a la Luna Nueva Verdadera**; esta fase de la Luna normalmente es imposible verla a simple vista ya que se encuentra oculta tras el resplandor solar. Sólo es posible observarla cuando ocurre un eclipse total de Sol. Estos acontecen durante esta fase lunar únicamente cuando las condiciones dadas son las adecuadas.
- Luna No. 2: **Luna Nueva Visible**, también llamada en el argot popular "*Luna Creciente*", **corresponde a la Luna Nueva Tradicional** y es la primera aparición de la Luna en el cielo, 18 o 30 horas después de haberse producido la posición de "*Luna Nueva Astronómica*". Esta fase de la Luna se podrá ver en el cielo hacía el oeste, una vez ya ocultado el Sol, justo por encima del crepúsculo aún restante. Tiene forma de pequeña guadaña o cuerno. Esta fase de la Luna es la que se utiliza para dar comienzo al primer día de cada mes lunar.
- Luna No. 3: **Cuarto Creciente**. Tiene su orto (salida del astro en el horizonte) por el este a las 12 del mediodía, su cenit se produce a las 6 de la tarde y su ocaso a las 12 de la medianoche. La parte luminosa de la Luna durante esta fase tiene la forma de un círculo partido justo a la mitad (semi-círculo).
- Luna No. 4: **Luna Gibosa Creciente**, una vez ya pasada la fase del *Cuarto Creciente*, la Luna va tomando progresivamente día tras día, una forma convexa por

ambos lados en su parte luminosa, perdiendo ese *lado recto* que poseía durante la fase anterior (Luna No. 3).

- Luna No. 5: **Luna Llena** o *Plenilunio*, es cuando la concavidad de la parte luminosa de la Luna se logra completar en su totalidad hasta formar un círculo. Su orto es aproximadamente a las 6:00 p.m., el cenit lo alcanza aproximadamente durante la medianoche y se oculta cerca de las 6:00 de la mañana. La *Luna Llena* viene a marcar justo lo que es la mitad del mes lunar (14 días, 18 horas, 21 minutos 36 segundos).
- Luna No. 6: **Luna Gibosa Menguante**, pasada ya la fase correspondiente a la *Luna Llena*, la parte luminosa de la Luna comenzará a menguar con el correr de los días, tomando así de nuevo —igual como en la Luna No. 4— una apariencia de una *Luna-Cóncava* (gibosa) esta vez en su fase decreciente.
- Luna No. 7: **Cuarto Menguante**, exactamente igual que el *Cuarto Creciente*, pero en sentido contrario. Además, tiene su orto a las 12 de la medianoche, alcanza el cenit en el cielo a las 6 de la mañana y su ocaso se produce a las 12 del mediodía, es decir, ésta fase lunar corresponde al período de días durante el cual es posible observar a la Luna en el cielo durante las horas de la mañana.
- Luna No. 8: **Luna Menguante**, conocida también como "*Creciente Menguante*" o "Luna Vieja" (éste último término poco conocido) ya que es idéntica a la *Luna Nueva Visible*, pero en sentido opuesto. La *Luna Menguante* sólo es posible verla de madrugada, hacía el Este, justo por encima de la Aurora o Alba y antes de que salga el Sol. Tiene apariencia de *pequeña guadaña*.
- Luna No. 9: **Luna Negra**, corresponde a la última fase visible de la Luna vista desde la Tierra, comenzando así, de nuevo, otro ciclo de fases lunares.

Reflexión

La única razón por la cual la humanidad debe de evolucionar es para que nuestra raza no desaparezca. Lo contrario a evolución es involución y de continuar teniendo los mismos resultados, hemos de convertirnos en un insignificante grano de arena flotando por el espacio.

Como almas siempre estamos obteniendo un mayor entendimiento de sí mismo. Siempre evolucionamos, aunque no estemos conscientes de ello. El niño se convirtió en el adolescente. El adolescente se convirtió en el adulto. Con el tiempo, el adulto tomo una apariencia mas serena. Aún así, ninguno de estos cambios nos causa preocupación o tristeza. Así es el poder de la evolución.

Todo ser humano tiene el potencial de convertir sus sueños en realidad. Aprenda a utilizar sus dones espirituales y vera que con el transcurso del tiempo, su decisión de mejorar su vida le traerá lo deseado. Sea responsable por sus acciones y esto lo hará el dueño de su vida y de hacerlo. Notará que nunca más ha de sufrir las consecuencias de un destino indeterminado.

Mi más sincero deseo, es que a medida que el cambio que anhela entra en su vida, la energía del amor sea quien lo despierte. Y que al llegar a este inolvidable momento, abrase su humanidad y su alma. Regocíjese sabiendo que no existe diferencia alguna entre ningún ser humano y agradézcale a su corazón el ir en pos de lo desconocido, siempre marchando al compás de una nueva aventura.

Rev. Rina A. González

El Contrato de las Almas

Alfa y Omega

Yo soy El Alfa y El Omega
Soy comienzo y soy final.
Todo comienza conmigo
Y termina en el panal.

Yo soy luz, amor y gloria
Para todos ver y ser.
Cierra los ojos y ve a los cielos
Vestido de plata, oro y miel.

Soy el portentoso alarido
Que despierta los sentidos.
Soy la alegría que imparte
El vivir en armonía.

Soy la hija de la Tierra
Y la Diosa de la Luna,
Con poderes en mis manos,
Para mi grata fortuna.

Soy la paz que sabe dar
De mi corazón y mente,
La unión en todo esplendor.
Soy amor, caudal; soy fuente.

Con mis palabras te doy
La inspiración y la rosa.
Con mis rimas te daré
La musa, música y prosa.

Rev. Rina A. González

Del Oriente ya se acera
Mercurio con sus regalos,
Y sus tres gracias te traen
Sus rayos de luz y amparo.

Has de sentir el aplauso
Del caudal en dicha plena.
Te has de bañar en sus aguas
Con pétalos de azucena.

Y como elogió a la noche
Saludo su poderío.
Caeré a los pies del amor,
Bajo la luz de la luna.

Trabajos de la Autora

Seminarios, Talleres, Clases:

- Despertando la Diosa Interna.
- Sanación Pránica.
- Las 12 Leyes Universales.
- El Contrato de las Almas.

Otros libros de la Autora:

Amor que Perdura - Las poesías de Pipo	2010
Provocativa y Serena - Poesías Escogidas	2010
CUBA: Resucitando la Isla Amatista	2011
El Contrato de las Almas - Segunda Edición	2012

Futuras Publicaciones de la Autora:

La roca anhela volver a la montaña	2012
Despertando la Conciencia Crística	2013
"Destino" – Crónicas de un Legado	2014

Rev. Rina A. González

www.ingramcontent.com/pod-product-compliance
Lightning Source LLC
Chambersburg PA
CBHW060538100426
42743CB00009B/1563